Corinne Deschamps

Les 10 principes fondamentaux du Bien-Être et du Succès

Corinne Deschamps

Les 10 principes fondamentaux du Bien-Être et du Succès

« Le Jeu voeux » …. Amuse-toi, l'Univers, n'attend que ça !!..

Éditions Vie

Imprint

Any brand names and product names mentioned in this book are subject to trademark, brand or patent protection and are trademarks or registered trademarks of their respective holders. The use of brand names, product names, common names, trade names, product descriptions etc. even without a particular marking in this work is in no way to be construed to mean that such names may be regarded as unrestricted in respect of trademark and brand protection legislation and could thus be used by anyone.

Cover image: www.ingimage.com

Publisher:
Éditions Vie
is a trademark of
International Book Market Service Ltd., member of OmniScriptum Publishing Group
17 Meldrum Street, Beau Bassin 71504, Mauritius
Printed at: see last page
ISBN: 978-613-9-58922-7

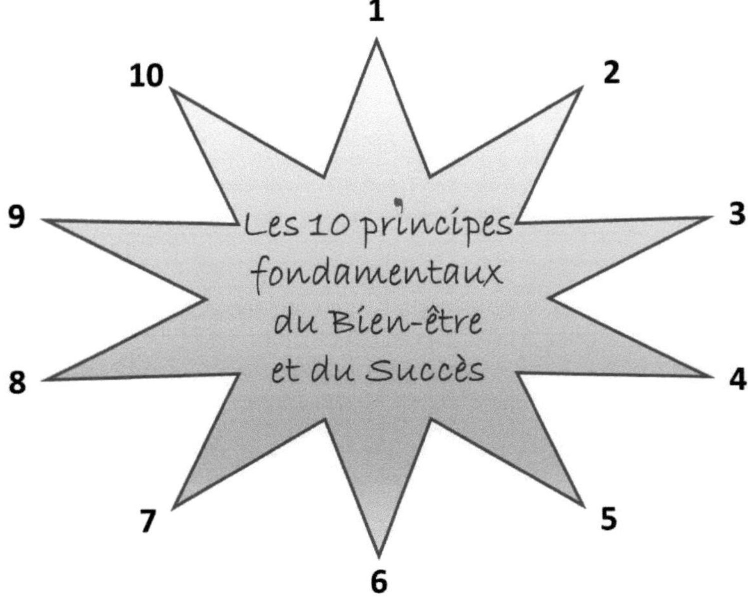

« Le Jeu vœux » …. Amuse-toi, l'Univers, n'attend que ça !!..

Corinne Deschamps

…. .

A un moment particulier de ma vie, j'ai vécu des situations tellement « improbables » et Magiques (dans la langue des oiseaux : l'Ame qui agit), qu'à la longue, je me suis demandé « mais comment est-ce possible ? Comment ça marche ? » ! Alors, j'ai pris le temps d'observer et de m'observer fonctionner et j'ai compris les mécanismes qui se mettaient en place immanquablement.
A chaque fois, j'ai observé la même chose : tout arrive. Tout ce que nous souhaitons, absolument tout, arrive au meilleur moment. Et ce moment, c'est uniquement quand on a lâché la peur, le doute, le besoin, l'envie …. Tout ce que nous voulons et sur lequel nous ne mettons aucune énergie « limitante » arrive dans des délais très brefs. Mais lorsque notre énergie est limitée par toutes les stratégies de notre mental, rien n'arrive de ce que nous souhaitons. Et c'est la dégringolade ! ….

Comment s'en sortir ? Comment changer ce processus ? C'est ce que je vais vous expliquer dans ces quelques pages.
Je ne vais pas faire une présentation magistrale de « comment réussir sa vie ». Je ne vais pas philosopher, employer de grands mots ou exposer un concept incompréhensible. Non, je vais m'adresser à vous très simplement pour vous montrer comment ça marche. Car les mécanismes si complexes de l'Univers sont, en fait, très simples à comprendre et à utiliser !
Je sais que ça fonctionne, je sais que tout ce que je vais vous présenter peut changer votre vie comme ça a changé la mienne. Et j'ai envie de vous faire partager ça. Pourquoi ? Parce que de ce cette manière j'ai le sentiment de participer au bien-être de l'humanité. Et ce projet me met en Joie.
Je suis convaincue que nous sommes ici pour vivre de belles choses. Que toute cette détresse vécue au quotidien peut être évitée, transformée. Que nous sommes tous reliés les uns aux autres et qu'en transformant notre vie, en allant mieux, nous aidons nos proches à changer et à se sentir mieux également.
Est-ce vraiment possible ? Absolument. C'est juste une question d'expérimentation.
Nous pouvons faire confiance dans les mécanismes de l'Univers en faveur de l'Homme.
Ça marche pour moi, non pas parce que c'est moi, mais simplement parce que j'ai pris conscience de ces mécanismes.
Ça marche de la même manière, pour tout le monde, tout le temps !

Vous connaissez cette phrase de Einstein : « La plus grande marque de la folie, c'est de continuer à faire la même chose et s'attendre à un résultat différent » ?
Il est peut-être temps de faire différemment.

Si votre vie ne vous convient pas, prenez le temps de lire ces quelques pages. Expérimentez tout ce que je vais vous proposer…. Qu'avez-vous à perdre à essayer ?

Et puisque je vous parle comme à un(e) ami(e), permets-moi, dès à présent de te tutoyer.

Voici ce que j'ai constaté.

Découvrir les Lois de l'Univers provoque parfois un grand choc émotionnel.

On participe à un séminaire en développement personnel, on y fait des prises de conscience et puis….et puis quoi ? Et puis on replonge dans son univers habituel, (parfois un quotidien difficile), sauf que là… tout a changé. Ou plutôt, rien n'a changé mais nos yeux se sont ouverts, notre regard est différent. Les gens, les événements et les choses ne nous apparaissent plus de la même manière.
'Quelque chose' a bougé à l'intérieur.

Cela peut être quelque chose d'extraordinaire ou quelque chose d'épouvantable, selon les commentaires de la petite voix à l'intérieure …. « Alors ? Tu en fais quoi maintenant de tout ce que tu as entendu ? ».

A la suite de mes séminaires ; j'ai entendu plusieurs personnes donner ce témoignage : « les jours suivants, tout va bien, on se sent incroyablement boostés. Avec cette sensation d'avoir découvert une puissance illimitée, une source intarissable de Joie. Il se passe des choses extraordinaires. La vie est différente, complètement différente et de petits et grands miracles se produisent à chaque instant.

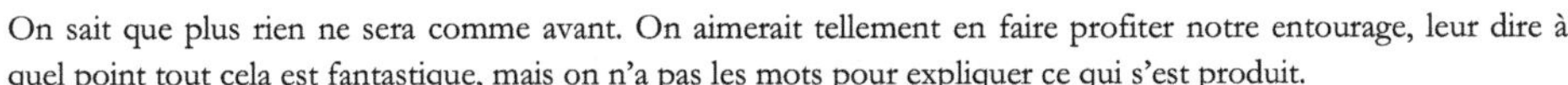

On sait que plus rien ne sera comme avant. On aimerait tellement en faire profiter notre entourage, leur dire à quel point tout cela est fantastique, mais on n'a pas les mots pour expliquer ce qui s'est produit.
Puis, petit à petit l'isolement devient une vraie complication. Les questions de l'entourage, les remarques... Parfois les moqueries.... Et toujours cette impossibilité à expliquer concrètement ce que l'on a appris, ce que l'on ressent et ce que l'on vit sans passer pour des « illuminés » ou des adeptes d'une nouvelle secte. Alors, il suffit d'un petit relâchement, d'un doute, d'un questionnement, que la petite voix à l'intérieur devienne plus pressante, pour avoir l'impression que rien ne va plus et sentir le découragement s'installer. Ressentir une grande solitude et n'avoir rien ni personne sur qui s'appuyer ».
Tous les livres de développement personnel nous donnent des clés. Certains d'entre eux donnent le frisson et font rêver tellement tout parait simple et merveilleux ! Pourtant, il arrive souvent que nous replongions quasi instantanément, le livre sitôt refermé, dans nos anciens schémas de fonctionnement. Avec une impression d'échec et de lassitude. Parfois même de désespoir et d'incompréhension. Pourquoi ?

Les livres sur les lois de l'Univers ou les lois de l'esprit, tous ceux qui nous ont transmis leurs connaissances à travers des manuscrits et de manuels, tous ceux-là ont oublié d'insister sur une chose : **avant de voir les transformations opérer naturellement, avant que cela ne devienne un reflexe, une réelle philosophie de vie : c'est un travail de tous les jours.**

Ceux qui pratiquent une activité sportive te le diront. Il ne suffit pas de passer devant la salle de sport pour voir son corps se transformer, il ne suffit pas d'entrer dans la salle et s'inscrire à un cours pour profiter et ressentir le bien-être de l'entrainement.... Il faut monter sur les machines ! Il faut s'engager, se mettre en action et tenir dans le temps.

Nous vivons avec des réflexes étranges. Nous sommes conditionnés. Et la vraie difficulté, est de changer nos "habitudes de penser", parce que nous avons été éduqués selon des règles contraires au Bonheur.
Nous avons laissé s'installer des concepts de vie illogiques. Nous avons « normalisé » la souffrance et le manque, rendu suspectes la joie et la légèreté. La preuve, dans la plupart de nos « plans » il nous est plus facile de prévoir le pire ! « et si ça ne marchait pas » nous vient facilement à l'esprit.

Et si nous étions plutôt destinés à vivre dans la sérénité, la légèreté et la sécurité ? Dans l'abondance, la prospérité, la Joie, l'Amour, la Paix.... ?

S'il est important pour toi de transformer ta vie, il te faudra prendre l'engagement de travailler sur toi. Ça ne demande pas un effort insurmontable. Tu risques même d'y prendre plaisir car, lorsque le travail est fait avec application, les changements opèrent rapidement.... Mais il faut passer par cette phase inévitable du : « désapprendre pour réapprendre... ».

Transformer sa vie en choisissant d'utiliser les lois de l'Univers commence par un changement d'habitudes.

Alors, pourquoi encore un livre sur le sujet ? Tout simplement parce qu'on me l'a demandé !

Les livres et les témoignages n'ont pas tous été écrits. Les moyens de transmettre cette connaissance qui mène au bien-être n'ont pas tous été explorés. La vie paraissant chaque année plus difficile et incertaine, il y a de plus en plus de personnes, de tous milieux sociaux confondus, dans les rayons « développement personnel » de nos librairies, à la recherche d'une solution pour être heureux.

Le Bonheur... C'est la seule chose qui nous intéresse. C'est notre recherche prioritaire et absolue ... MAIS chut ! Il ne faut pas dire qu'on ne se sent pas si heureux que ça ! C'est tabou.

Si seulement ces connaissances primordiales pouvaient être étudiées à l'école ! Et je ne parle pas d'une option. Je parle d'une matière principale.

Alors, plus nous serons nombreux à transmettre notre expérience, plus il y aura de personnes touchées par ce message extraordinaire : « nous sommes sur terre pour vivre heureux et comblés ». Quelque soit l'existence que tu mènes, quelque soit l'endroit où tu vis, les choses peuvent changer. Nous avons tous droit au meilleur.

Comment est-ce possible ? C'est ce que tu vas découvrir dans ces quelques pages.

Ne t'attends pas à découvrir des techniques pratiques compliquées, des plans ou des formules magiques..... non ! Je vais juste te conduire à puiser en TOI la force et la détermination qui vont te porter et te permettre d'atteindre tes objectifs.

Je vais t'encourager à regarder plus loin que le bout de ton nez !

Je vais te pousser à te regarder autrement et à vivre pour toi ; à te considérer, t'aimer, à tomber le masque et prendre en compte tes besoins et tes désirs profonds, à cesser de vivre par rapport au regard et au jugement des autres. Tout simplement être ta plus haute priorité, et cela dans l'Amour.

TU vas TE découvrir et découvrir tout le potentiel que tu n'imagines pas avoir, tu vas apprendre à l'utiliser.

Je vais évoquer certains principes qui vont peut-être te sembler curieux. Tu vas peut-être avoir envie de refermer ce livre et l'oublier au fond d'un tiroir.... C'est bon signe! Il y a des raisons à cela, et tu les comprendras en lisant ces pages. Si cela arrive, je ne te demande qu'une chose : accroche-toi ! Prends la décision de terminer ce livre et surtout :Teste!!!

Sois un(e) sceptique ouvert(e), teste ! Teste tout ce qui sera dit. Remets tout en question, teste. Teste dès à présent dans ta vie. Prends un mois de test. Ensuite tu pourras apporter ton témoignage. Je me languis de t'entendre !

Commençons par une hypothèse simple : imaginons que le hasard n'existe pas ? Dans ce cas, tu n'es pas en possession de ce livre par hasard... Bien sur, tu vas me dire que c'est ton amie qui te l'a offert. Qu'on t'a conseillé de le lire, ou que tu l'as trouvé sur un banc public..... Bien-sur ! Et si tout cela n'était que la matérialisation d'une pensée que tu as eu ? Réfléchis, as-tu formulé il y a quelques temps... peut-être quelques minutes, le désir de changer ta vie ? T'es-tu dit que « cela ne pouvait plus durer ! », que tu devais trouver une solution, faire autrement, mais quoi ? et comment ? Dans ce cas, sois certain(e) que tes réponses sont dans ce livre.

Alors, es-tu prêt pour le changement et le succès ? Si oui, voici l'intégralité de mon séminaire sur les 10 principes fondamentaux du Bien-être et du Succès.

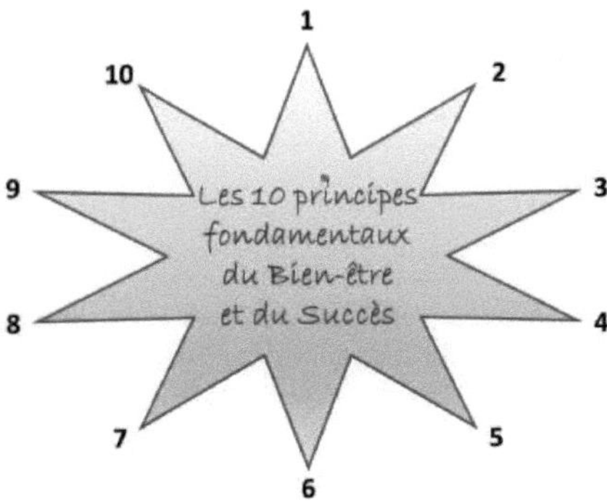

Sans doute te demande-tu quels sont ces 10 Principes et en quoi vont-ils t'aider dans la vie ?

Imagine que tu sois en possession d'un appareil ultra perfectionné.
Es-tu comme ces personnes qui ne lisent jamais le mode d'emploi jusqu'au bout ? Du coup, elles n'utilisent que les fonctions de base. Et quand il s'agit d'utiliser les fonctions les plus complexes, elles appuient sur tous les boutons et pestent : « ça ne marche pas, c'est du grand n'importe quoi ! ». Elles bidouillent et font tout sauter, ou abandonnent et passent complètement à côté de ces fonctions extraordinaires en restant sur le programme de base qui évidemment est très restrictif.
Et pourtant…il suffirait de si peu pour que ces fonctions ne soient plus si complexes que ça ! Simplement prendre quelques minutes pour « étudier » le mode d'emploi et un peu d'entrainement pour qu'elles deviennent finalement des fonctions tout à fait simples et évidentes… et qu'elles embellissent notre vie!

Cet « appareil ultra sophistiqué », c'est nous, bien sûr. Nous avons eu la chance extraordinaire d'être invités dans ce magnifique lieu qu'est la terre. Quelque soit l'endroit où nous nous trouvons, l'Univers nous offre chaque jour, des spectacles fabuleux et grandioses. N'as-tu jamais été ému(e) par un coucher de soleil ? N'as-tu jamais perdu ton regard dans l'immensité de la mer ? N'as-tu jamais joué à découvrir des formes et des visages dans le fabuleux tableau changeant du ciel ? Ne t'es-tu jamais interrogé(e) sur les innombrables parfums de fleurs ? Ne t'es-tu jamais émerveillé(e) en observant tous les détails des mains, des pieds ; d'un bébé à sa naissance ? N'as-tu jamais été impressionné(e) par l'organisation de la faune et la flore ? Tout cela te laisse-t-il de glace ou as-tu pris conscience à quel point notre Univers est grandiose et hors de notre maitrise ?

Notre monde est régi par des lois subtiles qui nous dépassent. L'intelligence fait partie intégrante de la création toute entière.

As-tu remarqué comme la nature semble « se laisser porter » ? As-tu remarqué comment les oies sont organisées pour parcourir autant de kilomètres ? Es-tu au courant que les baleines utilisent des sons pour « voir » dans l'obscurité ? Savais-tu que les arbres communiquent entre eux, et peuvent s'avertir d'un danger ?
De la même manière, as-tu déjà vu un torrent chercher à remonter son cours ?

Toute cette extraordinaire organisation, c'est ce que j'appelle les lois de l'Univers. L'intelligence est dans la nature et nous faisons partie de cette même nature. Nous sommes connectés à elle, nous sommes dépendants d'elle. Il est

donc logique de la prendre en considération dans notre façon de mener notre vie dans le seul objectif que cela soit naturel et fluide.

Nous sommes les invités de cet endroit magnifique, nous sommes conviés pour profiter de ce paradis et de toutes les conditions de confort mises à notre disposition, dans le respect des lois de notre hôte : l'Univers.

Peut-être fais-tu partie de ceux qui n'ont pas le sentiment d'être VIP sur cette planète ?
Alors, les pages qui vont suivre sont pour toi ! Il te suffit juste d'accepter de remettre en question tes idées.... N'oublie pas cette phrase d'Einstein : *« La plus grande marque de la folie, c'est de continuer à faire la même chose et s'attendre à un résultat différent ».*
Si ta vie ne te convient pas, cesse de faire ce que tu as toujours fait. Prends une nouvelle direction. Tu n'es pas seul(e). Les principes que je vais te confier vont t'aider dans cette voie.
En utilisant ces 10 principes, ne t'étonne pas de voir des changements s'opérer dans ta vie. Mais retiens ceci : il y a une différence entre lire ce livre et utiliser ce livre. Comme il y a une différence entre entrer dans la salle de sport et passer devant....

Mettre en pratique ces 10 principes veut dire, prendre un abonnement et s'engager à s'entrainer tous les jours. Laissez faire le reste et constatez........ Nous avons un pouvoir intérieur extraordinaire, il attend juste d'être utilisé.

Note que ce livre est parsemé de « peut-être » « sans doute » « éventuellement ». Les gens ont besoin de guides qui leur disent comment faire et comment penser. Que les « peut-être » et les « sans doute » sont des marques de manque de confiance en ce qu'on exprime, m'a-t-on dit. Il n'en est rien pour moi. Pour avoir expérimenté ces principes dans des moments très difficiles de ma vie, et les expérimenter encore chaque jour de ma vie, je suis convaincue de ce que j'avance. Mais je considère que je ne détiens pas LA vérité. Parce qu'il n'existe pas une vérité, comme il n'existe pas un seul chemin.
Reprends ton pouvoir et garde-le. Le pouvoir de décider de ce qui est bon et vrai pour toi. Ma volonté est seulement d'ouvrir une porte, te faire entrevoir une façon de vivre orientée vers ton bien-être. L'idée n'est pas de me positionner en « celle qui a dit et qui sait ». C'est pourquoi, mon seul mot d'ordre est : tester, tester et encore tester ».

Si maintenant tu décides de commencer le travail, munis-toi d'un journal de bord, d'un carnet de voyage. Il te sera utile pour faire les exercices de transformation que je vais te proposer. Tu peux également y noter tes réflexions, tes remarques, tes projets et tous tes progrès. Tu constateras plus facilement tes prises de consciences et les changements dans ta vie.

Maintenant que tu es équipé(e), nous pouvons commencer.

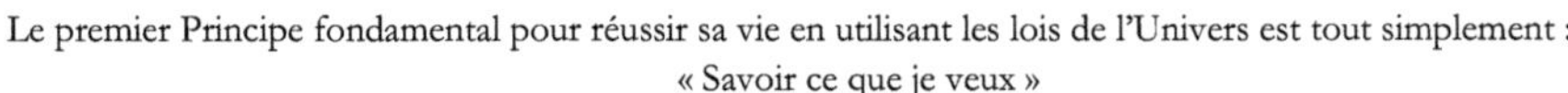

Le premier Principe fondamental pour réussir sa vie en utilisant les lois de l'Univers est tout simplement :
« Savoir ce que je veux »

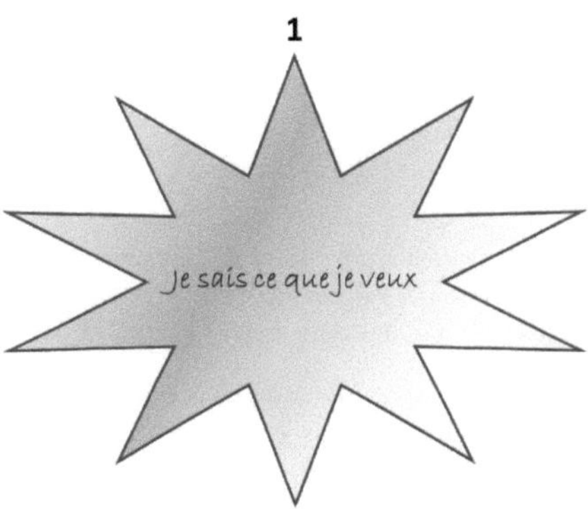

Ça te parait évident ? En es-tu certain(e) ?
Je rencontre de nombreuses personnes qui ne savent pas ce qu'elles veulent faire de leur vie. Elles savent ce dont elles ne veulent plus, mais elles ne savent absolument pas ce qu'elles veulent à la place ! Et ce n'est pas toujours le contraire. Elles te diront : « je ne sais peut-être pas ce que je veux, mais en tout cas, je sais ce que je ne veux plus ! » Malheureusement, ce n'est pas suffisant.

Imagine toi être devant ton beau robot ménager ultra perfectionné (tu te souviens ?) ; et dire : « ok.... Je ne veux plus faire de pate à pain.... Je ne veux plus faire de potage; je ne veux plus ..... »... Ça peut durer longtemps comme ça ! Ok, tu ne veux plus faire tout ça. Mais alors? Que veux-tu exactement ?

En ne sachant pas ce que tu veux réaliser dans ta vie, en n'ayant aucun objectif, tu te transformes en joueur de fond de court. Tu réagis face aux événements de la vie et tu ne fais que renvoyer les balles. Ce n'est pas très enthousiasmant !

Rassure-toi, c'est déjà bien de savoir ce que l'on ne veut plus. D'ailleurs, c'est un très bon moyen pour définir ce que l'on veut ! Mais ce n'est pas suffisant, et tu ne peux pas en rester là. Dans les mécanismes de l'Univers, il est important de savoir ce que l'on veut réaliser dans la vie.

Peut-être te dis-tu que finalement, tu ne sais pas ce que tu as envie de faire de ta vie? Ou peut-être le sais-tu mais tu penses que tu es trop ambitieux(se) ? Ou que tes rêves sont impossibles à mettre en place, inaccessibles ?

As-tu déjà effectué un « état des lieux de ta vie » ? Connais-tu ton degré de satisfaction dans chacun des secteurs de ta vie? Qu'as-tu mis de côté en chemin ? Dans quel secteur de ta vie te sens-tu le mieux ? Quel est celui sur lequel tu devrais porter ton attention ?

Voici un premier exercice pour t'aider à "y voir plus clair".

Tu as embarqué sur la route du renouveau dans ta vie. Les roues de ton carrosse, qui te mènera à destination doivent être les plus rondes possibles. Une roue présentant un plat sera inévitablement inconfortable pour ton voyage.

Prends un moment pour renseigner les Roues de ton Carrosse. Afin qu'elles tournent de manière harmonieuse sur ton chemin, il est important que tous les secteurs de ta vie soient équilibrés. Qu'il y ait le moins possible de plats, de manques ou d'excès les uns par rapport aux autres.

Attribue une note de 1 à 10 sur la branche de chaque secteur de vie, (de 1 : pas du tout satisfaite à 10 parfaitement satisfaite) en t'interrogeant avec sincérité sur ton degré de satisfaction personnelle à l'instant précis.

Cad : « Suis-je pleinement satisfait(e) et comblé(e), suis-je dans un réel choix personnel ? Y a-t-il des manques dans ma vie de ce coté? .... »

Fais ainsi dans tous les secteurs de vie :

Le secteur « spiritualité » correspond à toutes tes entreprises de développement personnel : une recherche, un projet ou un engagement particulier, ta religion... Par exemple : « as-tu fait le voyage ou lu le livre initiatique qui te tient à cœur, ou attends-tu toujours le meilleur moment pour cela ? »

Le secteur « relations sociales, amicales » correspond à tes relations amicales ou familiales. Par exemple :« Suis-je dans une relation familiale satisfaisante ? Ou encore, « suis-je totalement épanoui(e) dans mes relations amicales ?».

Le secteur « argent, matériels » correspond à tes rentrées d'argent, tes salaires, gains, cadeaux ..... Par exemple : « ai-je des difficultés à joindre les deux bouts, à finir les fins de mois, ou est-ce que je connais l'abondance ? ».

Le secteur « Bien-être personnel, physique» correspond à tout ce que tu entreprends pour te sentir bien moralement et physiquement. Par exemple : « est-ce que je pratique une activité physique ou un loisir qui me satisfait pleinement et me permet de me détendre ? » ou encore, « est-ce que je me sens stressé(e) ou « ai-je des douleurs régulières dans le corps ? »

Le secteur « Cœur » correspond à tes relations amoureuses, ton couple, ou encore tes ressentis amoureux. Par exemple :« Suis-je dans une relation satisfaisante ? Ou est-ce que je me sens seul(e), ou mal accompagné(e) ?».

Le secteur « travail, retraite » correspond à l'activité que tu mènes au quotidien. Ce peut-être ton activité professionnelle. Par exemple : « est-ce que j'exerce le métier de mes rêves, ou est-ce que je reste par confort dans un travail alimentaire ? »

Ensuite, relie les points entre eux et tu auras une vision plus nette des « rééquilibrages » à effectuer dans ta vie, et donc des éventuelles priorités de travail.

Commence par prendre quelques minutes, confortablement installé(e), dans le calme ou avec un fond de musique de relaxation. Détends-toi, puis, lorsque tu te sentiras prêt(e), pour chaque secteur de vie, pose-toi la question suivante :

« Aujourd'hui, de moi à moi, très honnêtement, à quel degré de satisfaction suis-je dans le secteur suivant ? »

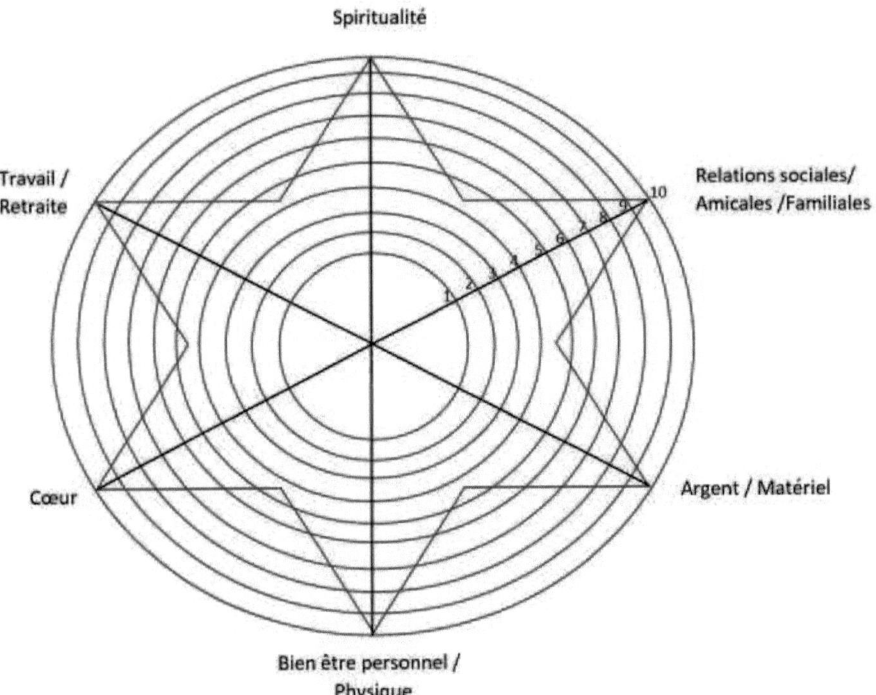
Spiritualité
Relations sociales/
Amicales /Familiales
10
9
8
7
6
5
4
3
2
1
Argent / Matériel
Bien être personnel /
Physique
Cœur
Travail /
Retraite

Tu dois avoir maintenant une meilleure vision de ton degré de satisfaction dans chaque secteur de ta vie ? T'attendais-tu à ce résultat ?

Pour info, il est utile de faire cet exercice régulièrement. En effet, il suffit d'un petit changement de ta part dans un secteur particulier pour que ton degré de satisfaction augmente considérablement et ait des répercussions dans les autres secteurs !

Maintenant, voici un second exercice (pages suivante) qui va te permettre d'être plus précis dans ton « état des lieux ».

Prends le secteur de ta vie que tu souhaites améliorer en priorité et note d'abord tout ce que tu ne veux plus avoir ou faire dans ce secteur. Il est généralement plus simple de commencer par tout ce que tu ne veux plus. Pense à tes mauvaises expériences…. Tu vois, c'est plus facile ! Ensuite, par comparaison, tu indiques ce que tu souhaites.

Attention, ce que tu souhaites n'est pas forcément le contraire de ce que tu ne veux plus.

Puis tu noteras le rêve que tu aurais aimé réaliser. Tu sais, le seul qui te viendrait à l'esprit si tu étais sur ton lit de mort ! Généralement, il s'agit soit d'une chose que tu as complètement abandonnée, soit remise à plus tard : « quand tu auras le temps, plus d'argent, que tu seras à la retraite »……… bref, bien souvent de très mauvaises excuses… Mais bon, nous y reviendrons également !

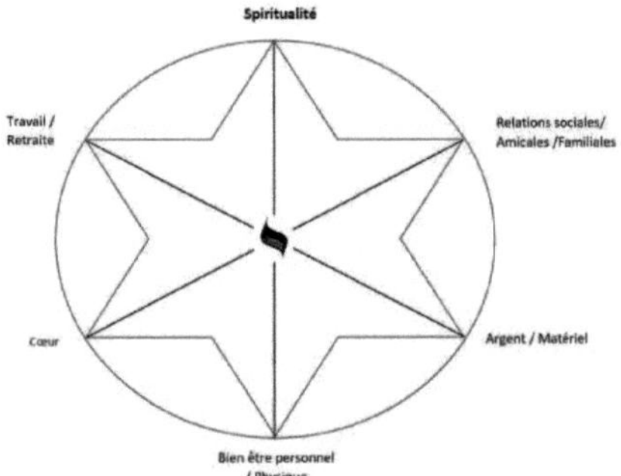

Spiritualité :

Ce que je ne veux plus :

Alors, qu'est-ce que je veux :

Mon rêve : ………

………

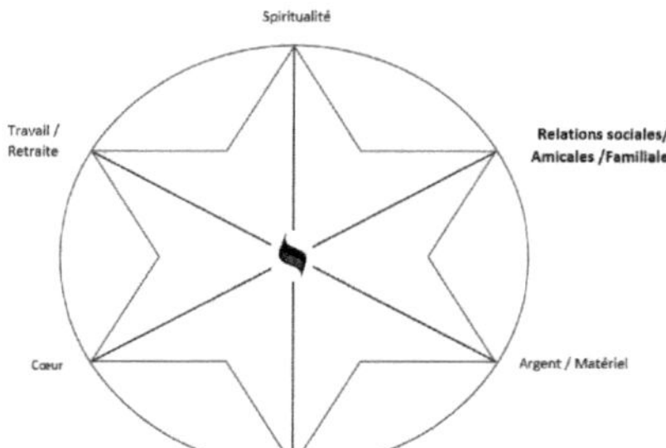

Relations sociales, amicales, familiales :

Ce que je ne veux plus :

Alors, qu'est-ce que je veux :

Mon rêve : ....

....

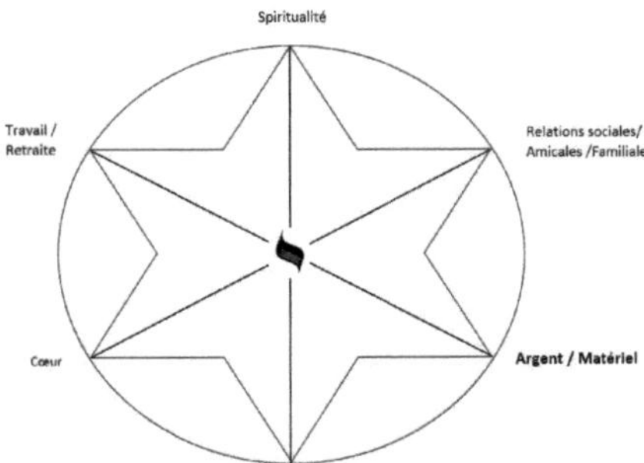

Argent - Biens matériels:

Ce que je ne veux plus :	Alors, qu'est-ce que je veux :

Mon rêve : ....

....

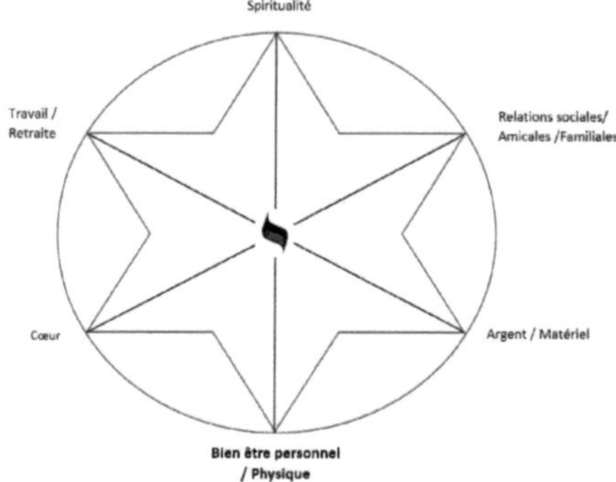

Bien-être personnel et physique:

Ce que je ne veux plus :

Alors, qu'est-ce que je veux :

Mon rêve : ....

....

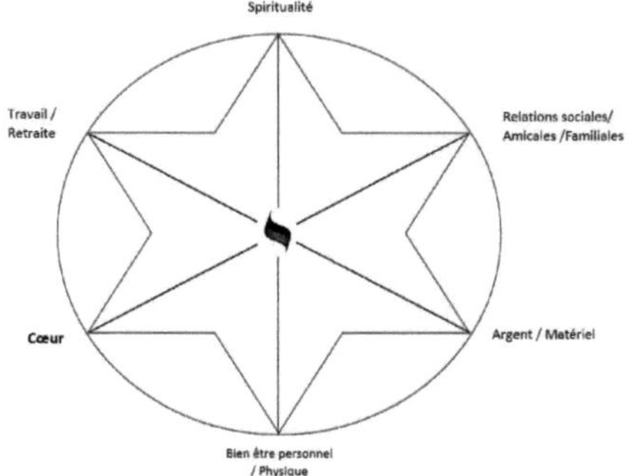

Coeur:

Ce que je ne veux plus :

Alors, qu'est-ce que je veux :

Mon rêve : ....

....

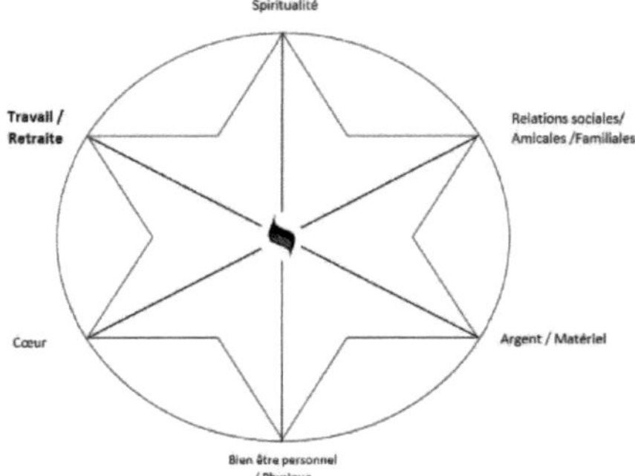

Travail - retraite:

Ce que je ne veux plus :

Alors, qu'est-ce que je veux :

Mon rêve : ....

....

Les quelques minutes que tu viens de prendre sont très importantes. Sans le savoir encore, tu commences à activer des « mécanismes créatifs ». Mais patience, nous y reviendrons rapidement.

Comment te sens-tu ? As-tu l'impression de mieux savoir où tu en es ? De mieux savoir ce que tu veux ? Des idées te sont-elles apparues ? As-tu ressenti un changement d'énergie en toi comme te sentir plus dynamique, plus léger(e) ? Ou plus lourd(e) ?
Ou peut-être as-tu pris conscience que tu as abandonné certains rêves ?
Pourquoi ? Quel est ce rêve, ou simplement cette envie ? Pourquoi l'as-tu mis de coté, oublié, reporté ou même abandonné ?
Prends encore un peu de temps, ferme les yeux, et interroge-toi.

Pense à noter tes impressions dans ton carnet de voyage !

Que crois-tu par rapport à ça ? Prends conscience que tout ce que tu as fait ou pas fait ne tient qu'à une seule chose : ta croyance que ce soit possible ou impossible….

Alors, il est temps d'aborder le second principe fondamental du Bien-être et du Succès : « je vois ce que je crois ».

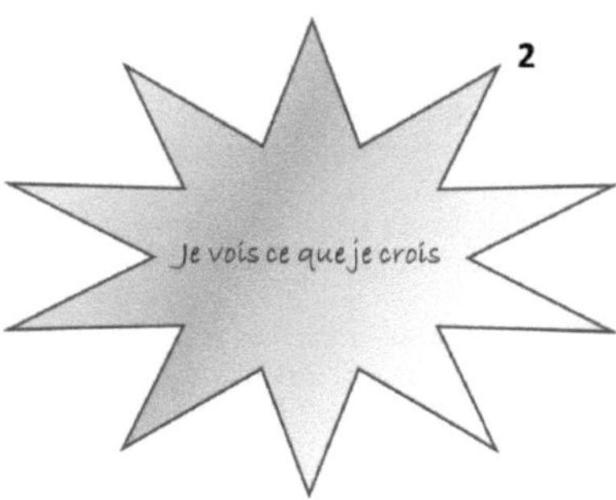

Il nous arrive régulièrement d'être convaincus de voir quelque chose alors ce n'est absolument pas ça. Par exemple une silhouette que l'on voit dans la nuit qui se trouve être finalement une branche !
Pourtant, jusqu' à vérification, on est absolument certains(es) de ce que l'on voyait.
Et oui ! Nous voyons ce que nous croyons et non pas l'inverse ! comme semblerait le dire le dicton : « je crois ce que je vois ».

Le second principe nous prouve qu'il n'existe pas UNE vérité mais DES vérités. Des vérités en fonction de chacun et en fonction de ce que nous pensons et croyons.

Nous croyons une multitude de choses. Des choses issues de notre expérience et pour lesquelles nous faisons assez souvent des généralisations.... Mais... Est-ce vrai ? Il nous arrive également d'acheter cash certains enseignements, certaines informations sans vraiment vérifier leur véracité. Si tu regardes la télévision, as-tu remarqué tout ce que l'on veut nous faire « gober » à la minute ? Non, je ne parle pas que des pubs ! Je parle également du journal, soit disant « d'informations »...

Nous sommes aussi, souvent, convaincus de détenir la vérité et nous défendons notre avis comme s'il s'agissait d'une question de vie ou de mort. Il peut nous arriver d'adhérer à une soi-disant vérité sans même l'avoir expérimentée !
Combien de fois t'es-tu incliné(e) devant les connaissances et l'expertise d'une personne plus puissante, plus assurée, plus charismatique, plus, plus, plus que toi ? Le simple fait de porter une blouse blanche suffit parfois au fait que nous accordions notre entière et absolue confiance.

Je réfléchissais l'autre jour à toutes ces campagnes pour soi-disant diminuer la consommation de tabac. Nous avons vu apparaitre sur les paquets de cigarettes toutes sortes de messages d'information les plus effrayants les uns que les autres: brrrrrrrrrrrrrr ! « Fumer donne le cancer du poumon » ... etc... Il est possible que tout cela soit assez repoussant pour un non fumeur et qu'il ne commence jamais à consommer. Parfait ! Mais les fumeurs ont-ils arrêté ou diminué leur consommation ? Pas si sur. En revanche; ils ont éventuellement ajouté une nouvelle peur qu'ils n'avaient peut-être pas et par cette croyance « achetée cash », développé un cancer du poumon....

Je ne fais pas l'apologie du tabac. Je ne fume pas. Mais je trouve cet exemple assez intéressant : Connais-tu de grands fumeurs qui n'ont jamais eu toutes ces terribles maladies? Tous les fumeurs meurent-ils de maladies prétendues liées à cet usage ? Pourquoi ? Et si ce n'était qu'une histoire de croyance ?

Fumes-tu ? Si tu penses que la cigarette ne te fera aucun mal, continue à fumer si cela te chante ! Mais si tu as, ne serait-ce qu'une once d'un doute de développer une maladie à cause de la cigarette : arrête immédiatement !

Nous portons nos croyances en nous. Nous n'en sommes pas plus conscients que toutes ces pensées qui nous traversent sans cesse l'esprit. Nos croyances sont opérantes et nous attirons à nous, à chaque instant, les gens ; les choses, les événements en fonction de celles-ci. Elles peuvent être motivantes et stimulantes, chargées d'énergie positive, au contraire elles peuvent être inadaptées, donc gênantes et handicapantes voire carrément destructrices.

Certaines de nos croyances ne nous appartiennent même pas ! Il peut s'agir également de « concepts » de pensées transmis de générations en générations. Et oui, nous héritons aussi des croyances de nos ancêtres !

Il est important de comprendre que certaines croyances partent d'un comportement qui, à un moment donné, a trouvé son utilité car celui-ci était parfaitement adapté au contexte.
Connais-tu l'histoire du jambon ? La voici : "Une jeune femme organise un repas familial pour présenter son futur mari à toute sa famille. Alors qu'elle dépose le jambon sur la table, son fiancé lui demande pourquoi celui-ci est coupé aux deux extrémités. La jeune femme lui répond qu'elle a toujours fait ainsi, sa mère lui ayant appris à faire de cette manière. Il décide d'en savoir plus et va demander à la mère de sa future femme pourquoi elle a toujours préparé le jambon en le coupant de la sorte. Celle-ci lui répond qu'elle a toujours vu sa mère faire ainsi ! Il va donc voir la grand-mère de sa future femme pour lui poser la même question qui lui répond exactement la même chose : elle a toujours vu sa mère faire ainsi ! Au bout de la table se trouve l'arrière-grand-mère. Le jeune homme se décide à aller lui demander à elle aussi. Et celle-ci lui répond que lorsqu'ils se sont mariés, son mari et elle, vivaient dans une maison pourvue d'une minuscule cuisine et son four était bien trop petit pour y cuire un jambon entier. Aussi était-elle obligée de couper les deux extrémités pour le rentrer dans le four......"
Edifiant, n'est-ce pas ?

Nous agissons parfois par « fidélité inconsciente à une mémoire » sans nous demander si ce comportement est encore adapté. Dans l'histoire précédente, aucune des femmes n'a remis en question ce qu'on lui avait transmis.

N'as-tu jamais entendu une personne de ta famille répéter sans cesse une même phrase ? T'est-il déjà arrivé de recevoir toujours la même réponse à certaines de tes questions ? Peut-être s'agissait-il d'un dicton populaire « L'argent ça se gagne à la sueur de son front » ou simplement d'une phrase: « notre famille n'a jamais eu de chance! » ou une façon de faire comme pour l'histoire du jambon.

Ces mots, ces gestes, peuvent sembler insignifiants. Pourtant, répétés et ancrés dans ton cerveau, ils deviendront ta vérité, et peut-être une croyance inconsciente et limitante et sera la cause de bien des comportements inadaptés dans ta vie.

Vérifie ce que je viens de dire : Amuse-toi à observer les gens autour de toi... Ecoute leurs conversations... sans juger.... Juste pour l'expérience. Tu vas être étonné(e) ! Nous passons notre temps à avancer des croyances comme des vérités....
Bien-sûr, il ne s'agit pas de s'enfermer et ne plus avoir d'échanges avec qui que ce soit à partir de maintenant. Mais, imagine seulement que tu dises à toutes les personnes qui ne pensent pas comme toi : « tu as raison ». Tout cela n'est juste qu'une histoire de point de vue. Une histoire de croyance.
Nous construisons nos vies avec des matériaux différents selon le lieu, la culture, la famille, les éducateurs. Ces matériaux ce sont nos croyances.

Tous nos actes sont en rapport avec nos croyances ! Pourquoi te lèves-tu le matin ? Pourquoi manges-tu tel ou tel aliment et pas tel autre ? Sur quelles bases, sur quelles croyances éduques-tu tes enfants ? Que leur transmets-tu comme une vérité absolue ?

Pourquoi leur dis-tu qu'il faut bien travailler à l'école ?

Ça ne sert à rien de traquer toutes nos croyances ! Elles nous structurent. Ce qui est intéressant, c'est de prendre le temps de t'observer. Quelles sont ces choses que tu n'arrives systématiquement pas à faire ? Ou que tu fais à moitié ? Ou que tu n'oses pas du tout entreprendre malgré ton désir?

T'arrive-t-il de te demander en fonction de quelle croyance tu agis ? Pourtant, si tu ne vas pas jusqu'au bout d'un projet, peut-être est-ce à cause d'une croyance qui te limite !

La bonne nouvelle, c'est que toutes nos croyances peuvent être démontées et changées aussi souvent et facilement que nous le voulons.

Comprends bien que nos croyances ne sont pas plus vraies les unes que les autres. A quoi cela sert-il alors, de rester branchée sur des croyances limitantes?

Tu peux dès maintenant choisir de transformer ces croyances et de les remplacer par des croyances dynamisantes !

Comment faire ? Commence d'abord par une première vérification. Fais une liste de toutes ces phrases, ces dictons qui te sortent de la bouche presque plus vite que ta pensée.
Telles que: "l'argent ne fait pas le Bonheur." Ou "mieux vaut un petit chez soi qu'un grand chez les autres"

Vérifie quelle incidence elles ont dans ta vie. Sont-elles plutôt stimulantes? dynamisantes ? Limitantes ? Gênantes ? Que t'ont-elles empêché de faire ? Que t'ont-elles aidé à réaliser ?

Utilise ton carnet de voyage pour noter tes remarques !

L'exercice suivant[1] va te permettre, en partant d'une situation dans laquelle tu te sens bloqué(e), d'identifier la croyance à l'origine de ce blocage.

Suis avec application le déroulé de cet exercice. Il est possible que tu sois étonné(e) par ce que tu vas découvrir.

[1] *Inspiré des travaux de Robert Dilts*

Installe-toi confortablement, prends quelques minutes pour t'intérioriser. Puis commence l'exercice.

1/ Pense d'abord à la situation dans laquelle tu te trouves actuellement.

Note cette situation. Une phrase courte suffira, telle que : « j'échoue à mes entretiens d'embauche. »
(On l'appellera l'Etat Présent ou E.P.)

....

2/ Pense ensuite à ce que tu souhaites faire ou obtenir. Note ce souhait. Par exemple : « être embauché(e) dans la société X»
(On l'appellera l'Etat Désiré ou E.D.)

....

Laisse ton inconscient travailler à ta place ! Ses réponses sont généralement spontanées, courtes et percutantes.

1/ Si j'obtiens ce que je veux (E.D) alors..

....

2/ Résoudre ce problème (E.P) signifierait ....

....

3/ Obtenir ce que je veux (E.D) fera que ....

....

4/ Je dois rester dans mon problème (E.P) parce que ....

....

5/ Je ne peux pas obtenir ce que je veux (E.D) parce que ....

....

6/ Ce n'est pas possible de résoudre ce problème (E.P) parce que ....

....

7/ Je ne réussirai jamais (E.D) parce que ....

....

8/ J'ai toujours ce problème (E.P) parce que ....

....

9/ J'ai tort de vouloir résoudre ce problème (E.P) parce que ....

....

10/ Je ne mérite pas d'obtenir ce que je veux (E.D) parce que ....

....

11/ Je ne suis pas digne de réussir (E.D) parce que ....

....

As-tu découvert quelque chose d'intéressant ? As-tu compris pourquoi tu ne vas pas vers la réalisation de ton Etat Désiré ? Quelle est cette croyance identifiée dans les 3 dernières phrases ? C'est celle-ci la plus importante ! C'est cette croyance qui t'empêche d'aller jusqu'à la réalisation de ton objectif !

Maintenant que tu as mis à jour une croyance qui te limite, tu peux t'en débarrasser simplement et la remplacer par une autre croyance dynamisante que tu vas définir très soigneusement. Cette nouvelle croyance te portera assurément vers la réalisation de ton objectif.

Mais avant de poursuivre, as-tu réellement envie de changer cette croyance qui te bloque ? Si oui, transforme-la en suivant l'exercice suivant :

1/Ecris la croyance que tu viens d'identifier sur une feuille de papier. Tu l'as découverte sur les 3 dernières phrases de l'exercice précédent.

Réfléchis à ce que tu ressens lorsque tu exprimes cette croyance :

- Que crois-tu **à propos** de cette croyance ?
- Qu'est-ce que ça signifie pour toi d'avoir cette croyance ?

Recherche les effets qu'a sur toi cette croyance limitante :

- Quel est le bénéfice d'avoir gardé cette croyance jusqu'à maintenant ? **Cherche bien ; il y en a un !**
- Quelles sont les conséquences négatives d'avoir gardé cette croyance ?
- Veux-tu toujours garder cette croyance ? Si oui, pourquoi ?

Sinon : **Froisse ou déchire la feuille**

Imagine une nouvelle croyance dynamisante pour la remplacer :

- Qu'aimerais-tu croire à la place ?
- Quelle serait la phrase courte qui te conviendrait le mieux ? **4/5 mots pertinents, pas plus !**

Ecris cette nouvelle croyance sur une nouvelle feuille

Imagine que tu adoptes cette nouvelle croyance :

- Comment te sentiras-tu ?
- Qu'est-ce que cela va-t-il changer dans ta vie ? (**Imagine-toi !**)
- Y a-t-il quelque chose qui pourrait t'empêcher d'adopter cette nouvelle croyance ?
- T'autorises-tu à adopter cette nouvelle croyance ?

Enfin, dis « oui » à cette nouvelle croyance

Affirme-la à haute voix : déclare à haute voix : « à partir d'aujourd'hui, je crois que ...... »

Imagine les jours et les semaines à venir avec votre nouvelle croyance :

- Quels résultats vois-tu se concrétiser désormais ?

Tu viens de changer une croyance limitante ! Absolument !

Maintenant, répète plusieurs fois cette nouvelle croyance afin qu'elle s'imprime dans ton inconscient qu'elle y prenne sa place et devienne naturellement ta vérité et agisse dans ta réalité.
Note-la sur ton miroir de salle de bain ! accroche-la sur la porte de ton réfrigérateur, lis-la chaque soir avant de t'endormir, et chaque matin en te réveillant.

Adopter une nouvelle croyance est aussi simple que d'adhérer à un concept publicitaire.
« Heu-reu-se-ment il y a.... », « .... Parce que je le vaux bien ! », « tout l'monde se lève pour... »
Ce n'est pas plus compliqué que cela !!
Et si tu doutes de la rapidité et de la simplicité à changer ce que tu crois, demande-toi quelle est ta croyance à ce sujet!
T'est-il déjà arrivé de changer d'avis et de défendre ce nouvel avis avec autant de conviction que l'ancien ? si oui... comment as-tu fait ? Quel a été le déclencheur ? Et combien de temps cela t' a-t-il pris pour être convaincu(e) par cette nouvelle idée ? Un avis, une idée c'est une croyance. Il en est de même pour la changer, qu'elle soit profondément ancrée ou pas. L'important et le plus complexe est de l'identifier.... C'est juste une histoire de ***prise de conscience***. Il arrive même que le seul fait d'identifier une croyance limitante, de la mettre à jour suffise pour la transformer.

Avec le chapitre suivant tu vas découvrir maintenant à quel point tes croyances influencent ta vie !
Rappelle-toi ....Nous voyons ce que nous croyons !

3

« Demandez…. Et vous recevrez ! ». C'est écrit.

La loi d'attraction, ça te dit quelque chose ? Nous en entendons parler régulièrement. Une multitude de documentaires ou de films tels que « Le Secret » ont expliqué en long en large et en travers le fonctionnement de cette loi.
En résumé, voici la première chose à retenir : tout, absolument tout est énergie.

Nous-mêmes, et tout ce qui nous entoure est énergie. Regardez autour de toi, tout ce que tu vois est énergie.
La seconde chose à retenir est que l'énergie vibre à des vitesses et des niveaux de fréquence différents. De plus, l'énergie est magnétique. Aussi, les vibrations d'une même qualité s'attirent mutuellement.

Nous sommes des champs d'énergie et nous émettons des ondes. Nos pensées sont énergie également, elles émettent des vibrations à une certaine vitesse qui attirent obligatoirement une vibration de même qualité.

Pour faire simple, nous pourrions dire: "J'attire dans ma vie toutes les personnes, les choses et les évènements qui se trouvent sur la même fréquence vibratoire de mes pensées." Ou : « Je pense… donc … je crée ! »

Sérieusement ? La vie que nous menons serait tout simplement la matérialisation de nos pensées ? Cela voudrait-il dire qu'en maitrisant nos pensées (note que je ne dis pas « en contrôlant nos pensées») nous pourrions avoir une vie complètement différente ? Il semblerait que oui !
Comprise et utilisée de façon intentionnelle, la loi d'attraction peut avoir des répercutions extraordinaires dans nos vies.

Cependant, le sujet a besoin d'être approfondi pour une utilisation optimale.
Nous allons schématiser : imagine que chacune de tes pensées soit une "demande" vibratoire envoyée dans l'Univers. La loi d'attraction répond à cette vibration en t'envoyant la matérialisation de cette vibration.

Ce qui sous entend que la vibration doit être positive si tu souhaites obtenir du positif.
Par exemple, si tu vis un manque ou un besoin de quelque chose dans ta vie en te disant: « si j'avais cette chose, ça changerait tellement ma vie », dans cette phrase, tu es sur un constat de manque.
La "pensée/ demande" que tu actives est le manque de cette chose, bien plus que la chose en elle-même.
En réalité, tu vibres sur le manque. Puisque la loi d'attraction répond toujours en matérialisant et renforçant l'énergie envoyée la plus forte, dans ce cas précis, elle renforcera l'énergie du manque. Et tu ressentiras davantage de ce manque dans ta vie.

Alors comment faire pour utiliser au mieux la loi d'attraction ?
J'ai remarqué qu'il existe plusieurs manières d'obtenir ce que nous souhaitons.
Il y a tout d'abord ces pensées que nous avons, qui nous traversent l'esprit tel un rayon laser sans aucune interférence comme la peur, le doute ou l'angoisse, parce que la réalisation de ces pensées/commandes n'est pas capitale pour nous. Il n'y a pas d'enjeu.

Ce matin même, il m'est arrivé d'avoir deux pensées de cet ordre. Toutes les deux se sont réalisées très rapidement parce qu'elles n'ont subit aucune contrariété vibratoire. Je n'avais aucun stress sur le fait qu'elles se matérialisent : elles sont sorties de mon esprit immédiatement après les avoir formulées.
Difficulté supplémentaire, dans les deux cas, leur matérialisation demandait l'intervention d'une autre personne. Donc, plongée dans mes pensées, je ne faisais que constater une situation qu'il me fallait changer. ... puis je suis passée tout naturellement à autre chose. Dans les minutes qui ont suivi, une personne de mon entourage m'a appelée pour me proposer ma solution sans que je n'aie à lui demander quoi que ce soit !
Cela nous arrive régulièrement. Essaie de te souvenir ces situations que tu as vécu alors que tu y avais pensé, juste comme ça. Un objet que tu souhaitais obtenir et que l'on t'offre quelques jours plus tard, une chanson que tu voulais écouter et qui passe dans la seconde à la radio, une place de parking juste au bon endroit, une personne que tu voulais appeler et qui te téléphone dans l'instant !... Toutes ces pensées, quelle que soit leur importance, envoyées ***sans interférence*** se matérialisent extrêmement rapidement.
Fais une pause. Note dans ton carnet de voyage les expériences magiques que tu as déjà vécues. Cherche dans ta mémoire ! Et dès à présent, note toutes celles que tu vas vivre. Garde une grande place pour ça !!

En revanche, il y a toutes ces choses qui nous prennent la tête et le cœur parce que nous avons tellement envie de pouvoir les réaliser qu'il arrive même que nous n'en dormions plus la nuit !
Et là.... on a beau envoyer pensées sur pensées... rien ne se passe... On a beau se répéter en boucle « je le veux, je le veux », rien n'arrive ! C'est une vraie catastrophe !

Alors, qu'est-ce qui fait que ce qui nous souhaitons le plus n'arrive pas de ma même manière ?
C'est tout simple : dans ces circonstances, l'enjeu est trop puissant, les interférences sont beaucoup plus fortes que la pensée/demande. Elle ne pourra pas se matérialiser sans un travail simple, mais spécifique de notre part, que nous allons aborder maintenant.
Prenons l'exemple de la place de stationnement. Tu pars faire du shopping, tu es détendu(e), le ciel est bleu, la vie est belle. En te préparant, tu imagines cette journée et pour ne pas trop marcher, tu espères te garer au plus près de ton magasin préféré, dans cette rue toujours très encombrée en plein centre-ville.... Mais tu as tout ton temps, et ce n'est pas d'une importance capitale. Au pire... tu choisiras le parking plus loin et tu marcheras.... Et puis tu passes à autre chose. Et bien, crois-moi, (mais aussi, expérimente !), c'est certain, cette place de parking sera libre et disponible pour toi dès que tu arriveras.
Prenons le même exemple, mais dans ce cas, tu as un rendez-vous important dans cette même rue. Et là, pas question d'arriver en retard. Il faut vraiment que tu puisses stationner dans cette rue, tu ne peux pas tourner pendant des heures pour trouver une place. Tu y penses pendant toute la route, tu te demandes même en chemin si tu as bien fait de prendre ta voiture ! « Et s'il n'y avait pas de place ? ».
D'après toi, que va-t-il arriver ?
Rappelle-toi, la loi d'attraction répond à la vibration en la renforçant et en la matérialisant.
Dans le premier cas, il n'y a ***aucune interférence***. Ta pensée est tel un rayon laser. Tu l'as envoyée et tu es passé(e) à autre chose. Elle se matérialisera au meilleur moment : c'est-à-dire lorsque tu arriveras sur place.
Dans le second cas.... C'est la même chose. La loi d'attraction répond à ta vibration en t'envoyant d'avantage de cette vibration. Effectivement, tu veux cette place, mais tu n'as pas lâché. La vibration la plus forte est une vibration de peur, de stress, d'inquiétude, de doute......... Tu risques de tourner pendant des heures !! Telle est ta demande !

Mais alors, comment faire ?

Nous ne pouvons pas surveiller toutes nos pensées. Nous passons notre temps à ça : penser, penser..... notre esprit est constamment occupé. Imagine toutes ces images que nous produisons à chaque seconde ! Aussi, il va falloir être plus conscient(e) !

Nous avons des indicateurs internes qui nous permettent de vérifier l'orientation de nos pensées. Ton premier travail va être de surveiller ces indicateurs. Et notamment ton ressenti intérieur : comment te sens-tu en ce moment ? Te sens-tu mal à l'aise ? Es-tu en train de ruminer une pensée négative ? Dans ce cas, tu vibres sur une mauvaise fréquence. Toi dois immédiatement en changer.
C'est comme changer la fréquence de ta radio parce que la musique que tu entends ne te convient pas.
Ça ne veut pas dire que la première chanson ne passe plus ! ça veut juste dire que tu as décidé de ne plus y accorder ton attention.
C'est la même chose ici. Tu vas « constater » l'énergie de ta pensée et au besoin changer ta fréquence.
C'est un véritable entrainement ! Au départ, ça te paraitra un peu curieux, mais à la longue, ce ne sera qu'une formalité pour toi.

Que nous le voulions ou pas, la loi d'attraction agit dans notre vie à chaque instant. Alors, autant apprendre à l'utiliser à notre avantage afin de devenir créateurs d'excellence !
Ton travail va être de réorienter tes pensées, calmer tes peurs et tes angoisses, renforcer la confiance dans ces merveilleux mécanismes. Je ne dis pas de chasser, nier ou refuser à tout prix tes émotions, bien au contraire. Commencer par les reconnaitre est un premier pas vers le bien-être qui te sera expliqué en détail dans l'un des principes suivants.
Mais pour le moment, revenons à cette fameuse loi d'attraction. Comprends que tes pensées/demandes sont autant de commandes que tu passes à l'Univers.
Si tu commandes sur internet, tu vas vite comprendre cette image. Lors de tes achats, tu surfes sur le site, tu choisis ton article et le mets dans le panier puis tu règles, et ......tu passes à autre chose.
Tu as fait ta part, le reste n'est plus de ta compétence. Sans même avoir eu à parler à un interlocuteur quelconque, tu es convaincu(e) que ta commande a été réceptionnée, qu'elle sera traitée et que tu la recevras dans les meilleurs délais.
Te vient-il à l'esprit de téléphoner quelques minutes plus tard ? Puis d'envoyer un fax, un mail ? Ou carrément te déplacer sur place pour vérifier si ta commande a bien été reçue et de quelle manière elle va être traitée et expédiée. Non, bien sur ! Tu fais tout simplement confiance au professionnel qui a réceptionné ta commande. Et pour autant, tu n'as aucune visibilité sur toutes ces phases de traitement.
J'ai une question pour toi : pourquoi ne pas utiliser la loi d'attraction de la même manière ?
Comment pouvons-nous douter de l'efficacité d'une loi qui régit tout l'Univers alors qu'il ne nous viendrait même pas à l'esprit de le faire pour nos achats en ligne?

Je comprends que cela puisse être une véritable révolution dans ton mode de fonctionnement. On ne nous a jamais « expliqué » que cela pouvait fonctionner de cette manière. Nous n'avons pas été éduqués à nous en remettre à une force ou une intelligence qui nous dépasse.
Albert Einstein disait que "l'on ne peut pas résoudre un problème avec le niveau de conscience qui l'a créé". Et bien, c'est maintenant qu'il va falloir entrer dans la salle d'entrainement !
Nous avons trop tendance à vouloir imaginer, "avec notre niveau de conscience", toutes les possibilités et solutions pour réaliser notre souhait. C'est une erreur. L'essentiel est uniquement de visualiser la finalité. Faire exactement comme pour notre commande en ligne.
Passe ta commande : envoie une pensée, sois certain(e) qu'elle sera traitée selon la loi d'attraction et qu'elle te sera livrée dans les meilleurs délais, ni trop tôt, ni trop tard. Comment cela va-t-il se passer ? Ce n'est pas de ta compétence ! n'essaie même pas d'imaginer les possibilités. Tu risques de retarder la réception ! D'autant que, bien souvent, ce qui nous fait douter, c'est que l'on ne voit pas de solution. Et c'est ainsi que l'on abandonne des projets, croyant que c'est tout simplement impossible.
Cependant, il te reste un travail extrêmement important à faire : après avoir envoyé ta demande, oublie-la, passe à autre chose. Reviens au présent.

Le fait que tu y penses encore est la preuve que tu n'as pas lâché. Tu émets un doute ou une peur. Tout ce qui te fait revenir sur ta demande sont autant de peurs et de doutes qui inverse ton énergie et stoppe immédiatement la matérialisation de ta pensée.
N'y pense plus du tout. C'est ce détail qui fera toute la différence.

Pour résumer, rappelle-toi que les pensées sont des vibrations qui se matérialisent. Plus elles sont pures, tel des rayons laser, plus elles se matérialisent rapidement.
Au contraire, si leur vibration est perturbée par une interférence de basse fréquence (peur, doute, stress) ou une onde contraire (comme une autre demande complétement à l'opposé de la demande initiale).
Mais attention, cela ne veut pas dire que rien ne se matérialise. La loi d'attraction fonctionne quoi qu'il en soit et c'est la vibration la plus forte qui se matérialise.

Note également que ce que tu vis aujourd'hui n'est que le résultat de tes anciennes commandes passées auprès de l'Univers.
Tes pensées sont autant de graines qui germent et t'offrent leurs récoltes. Dès à présent, quel genre de pensées sème-tu ? Quel genre de récolte souhaite-tu obtenir dans ta vie ?
Commence à tester la loi d'attraction de façon intentionnelle. Commence dès maintenant à passer de nouvelles commandes, surveille tes pensées, reste sur une fréquence de confiance et de Joie, entraine-toi à visualiser le résultat. Teste, amuse-toi, et observe les résultats….

N'oublie pas de noter tes progrès dans ton carnet de voyage !

Pour terminer, reprenons le début de ce chapitre :
'"Nous sommes des champs d'énergie et nous émettons des ondes. Nos pensées sont énergie également, elles émettent des vibrations et notre réalité est la matérialisation de nos pensées……………………………………..
Influencées par nos croyances, bien évidemment !"

Et oui ! tu avais déjà oublié ?

Alors, pense à vérifier tes croyances. Au besoin, transforme-les !! Ensuite tu pourras passer à la phase commande et visualisation.

Nous avons à notre portée des outils extraordinaires afin de mieux nous connaitre, nous comprendre et nous accepter. Le meilleur moyen de savoir qui nous sommes réellement est de se regarder en face !! Et comment se regarder en face ? Tout simplement en utilisant les miroirs que nous attirons selon le principe de la loi d'attraction que nous venons de voir.

T'est-il déjà arrivé d'attirer à toi des personnes ou des situations inattendues voire insolites ?
Pourtant, en y réfléchissant bien, ces personnes ou ces situations font aussi partie des mécanismes de cette loi qui fonctionne à chaque instant et sans interruption. Tu les as donc attirés ! Il ne peut en être autrement.
L'extérieur, ce que tu vis, est donc bien la matérialisation de tes pensées conscientes mais également inconscientes ! Et oui ! Inconscientes, également !
A quoi cela peut-il bien servir ? Tout simplement à mieux voir qui nous sommes et comment nous fonctionnons. Cet outil génial permet de voir nos mécanismes intérieurs en les projetant à l'extérieur.
Regarder autour de nous et reconnaitre que tout ce que nous vivons n'est rien d'autre que le reflet de ce que nous sommes ou vivons intérieurement va nous être d'une aide précieuse et nous permettre de réaliser des transformations extraordinaires.

Mais comment cela est-il possible ?

Rappelle-toi que pour vérifier l'orientation de nos pensées, nous avons des indicateurs internes. Reconnaitre nos ressentis intérieurs nous permet de savoir si nous sommes ou non dans une utilisation avantageuse et positive de la loi d'attraction.
Cependant, il est encore possible de ne pas être juste avec nous-mêmes, voire même de nous mentir et ne pas reconnaitre certaines de nos parts d'ombre ou … de lumière.
Reconnaitre toutes ces facettes est une notion importante qui mène au Bien-être et à la Réussite. Accepter ce que nous sommes, être en paix avec soi et avec les autres, nous rend plus libres et légers.

Aussi, afin de mieux nous connaitre, nous avons à notre disposition un moyen extrêmement subtil et irréfutable, puisque nous ne pouvons tricher avec celui-ci. Il s'agit de nos miroirs.
Nos miroirs, ce sont tous ces gens que nous attirons à nous et qui nous renvoient une part de nous même que nous avons du mal à reconnaitre ou à accepter.

Imagine-toi devant un miroir. Tu te regardes, puis, tu remarques un "petit quelque chose" qui ne te convient pas….. Pense à ce vilain bouton que tu découvres un matin sur le bout de ton nez…..Ton regard est maintenant focalisé sur ce détail. Que vas-tu faire ? Tenter de camoufler ce défaut en gribouillant sur le miroir ? Lui demander « miroir, mon beau miroir, peux-tu changer ce que je vois et que je ne supporte pas? » ou encore te débarrasser de ce miroir ou carrément le briser?

Si tu décides de le briser, dès que tu passeras devant un autre miroir, tu ne passeras pas par la case : « vue d'ensemble ». La première chose que tu vérifieras, c'est ce défaut. Je te le garantis !
Voilà comment ça fonctionne : ceux que nous attirons à nous, connus ou inconnus, sont nos miroirs grossissants et déformants.
Si tu es dérangé(e) par une attitude, un comportement, demande-toi ce que ça vient chercher en toi. Par quoi es-tu vraiment dérangé(e) ? Qu'as-tu en toi que tu ne reconnais pas ou que tu n'acceptes pas ?

Tu as obligatoirement en toi ce qui te dérange chez l'autre. Comment cela peut-il en être autrement ? Nous ne pouvons parler que de ce que nous connaissons, n'est-ce pas ? Si tu es dérangé(e) par un comportement que tu peux nommer, c'est que tu le connais. Tu en as l'information, en toi.

Peut-être que ça te dérange même au point de tout mettre en œuvre pour résister à cette tendance qui te dérange. Ce qui peut te rendre excessif(ve) dans un comportement totalement inverse.
Dans les deux cas, cette attitude n'est pas équilibrée et tu dépenses une énergie considérable dans cet effort.

Pour que tu puisses remarquer ce déséquilibre, tu vas attirer à toi un miroir de ce que tu es ou ne veux absolument pas être. De plus, ce miroir va être grossissant et déformant, afin de capter ton attention et te faire prendre conscience du travail à faire, non sur le miroir, mais sur toi.
Il ne sert à rien de vouloir changer les autres.... Il faut se changer soi.
Quelqu'un te dérange ? Va vérifier en toi ce qui perturbe votre relation.
Reconnais que tu as en toi ce comportement, que peut-être tu t'évertues à combattre, accepte-le et vois comme ensuite, tu l'accepteras plus facilement chez l'autre.

Commence en notant dans ton carnet de voyage toutes les choses qui te dérangent chez une personne en particulier. Et note ton ressenti à ce sujet.

C'est inutile de te séparer de ton conjoint comme beaucoup le font pendant une thérapie ou après un séminaire de développement personnel. Ton conjoint, tes enfants, tes amis sont autant de miroirs qui vont te permettre de transformer ta vie, de mieux te connaitre, de mieux t'accepter.
Bien entendu, je ne dis pas de te contraindre à rester avec des personnes toxiques. Parfois, il vaut mieux fuir et réfléchir ensuite.
Mais quelle que soit ta décision, utilise ce miroir pour comprendre pourquoi tu l'as attiré à toi. Pourquoi, attire-tu toujours à toi les mêmes personnes ?
Cela te permettra d'éviter d'attirer par la suite un autre miroir identique voire plus grossissant encore, dans le seul but de te faire prendre conscience de ce que tu n'as toujours pas réglé en toi.
Cela dit, toi seul(e) sait ce qui est le mieux pour toi car tu es pleinement responsable de tes choix.
Nous aborderons la notion de responsabilité un peu plus loin dans le Principe n°7 et cela te permettra de comprendre qu'à chaque instant nous avons à nous positionner et faire des choix.
D'ailleurs, nos miroirs nous servent également à nous affirmer. Reconnaitre, certes, ce qui est en nous mais également prendre conscience d'un « positionnement » juste et ferme à adopter pouvant aller jusqu'à dire stop à une situation.
Prenons un exemple. Tu te souviens que nous vibrons à une certaine fréquence, et que nous attirons à nous des situations et des personnes en fonction de la fréquence sur laquelle nous vibrons.
Imagine que tu souhaites faire un achat.
Si tu effectues cet achat en totale tranquillité, je vais utiliser l'expression « en étant aligné(e) » car c'est exactement le terme : « être aligné(e) avec soi ». Dans ce cas, tu n'auras aucune remarque.
En revanche, si intérieurement, tu n'es pas aligné(e), tu penses que tu exagères, que cet achat est superflu ou que ce n'est pas vraiment le moment, ou si, après ton achat, tu doutes de ton choix, je te garantis que quelqu'un va te faire le faire remarquer.
Tu vois comment ça fonctionne maintenant ?

Tu es pleinement serein(e) : il abondera dans ton sens. Tu culpabilises ? il te fera savoir que tu n'es pas raisonnable. Tu doutes ? Il ne se montrera pas enthousiasmé.

Dans tous les cas, les autres sont les miroirs qui reflètent ta véritable posture intérieure. Ils sont là uniquement pour te montrer ce qui n'est pas « aligné en toi » et te montrer ce que tu dois travailler et améliorer pour revenir à cet « alignement juste » pour toi.
Ils sont donc là aussi pour te faire remarquer ta beauté intérieure.
Tu es captivé(e) par une personne ? Par une qualité particulière chez elle que tu trouves extraordinaire ? Sois certain(e) que tu as cette qualité en toi mais tu ne l'as pas reconnue.
Tu admires une personne pour sa manière d'utiliser un talent ? Demande-toi quel est ce talent que tu possèdes et que tu n'oses pas exploiter ? Cette personne te montre juste ce qu'il t'est possible de faire, et ce que tu ne t'autorises pas à faire.

L'extérieur est bel et bien le reflet de l'intérieur. C'est absolument fabuleux ! Fais-en l'expérience. Observe les réactions de tes proches et regarde ce qu'ils te renvoient. Change ta posture intérieure et regarde le changement à l'extérieur.
N'oublie pas de noter tes observations dans ton carnet de voyage !

Il en est de même pour les personnes comme pour les situations. Prends conscience de ton état émotionnel intérieur en observant ton environnement extérieur. L'extérieur te semble bruyant aujourd'hui ? Ou te semble-t-il calme et serein ? Fais la même observation à l'intérieur de toi. Qu'en est-il de ton état interne ? Comment te sens-tu ? Quel ajustement intérieur as-tu à faire ?

Attention, sers-toi de tes miroirs de façon juste. Pour toi et uniquement pour ton amélioration personnelle.
La meilleure façon de te brouiller définitivement avec une personne qui te fait une remarque est de lui rétorquer que tu es son miroir. Assurément tu l'es. Mais tu ne peux pas savoir ce que tu lui renvoies. Et ce n'est pas obligatoirement ce que l'autre te renvoie à toi. A chacun son travail !
A moins que ce ne soit pour un compliment ! et dans ce cas, c'est toujours plaisant de l'entendre. Imagine : « oh tu es rayonnant(e) aujourd'hui ! » . « Merci ! je ne suis que ton miroir ! ».... Et voilà, la journée commence sur de belles pensées positives.

Pour résumer, souviens toi que les personnes ou les situations que tu attires, sont le reflet de ton état émotionnel intérieur mû par tes pensées et tes croyances. Que cela soit conscient ou inconscient.
Regarde l'extérieur et tu y verras la manifestation de ton état intérieur.
Le fait d'accepter cela, va changer considérablement ta vie. Rien ne sert de vouloir changer l'extérieur ou les autres, ce qui est un travail considérable voire impossible. Il suffit d'opérer quelques changements en toi pour voir l'extérieur changer sous tes yeux. Teste!.....

Enfin, et c'est très important, écoute ce que tu dis aux autres. Tes miroirs te renvoient ce que tu es, tu le sais maintenant. De la même manière, tout ce que tu leur dis, **tu te le dis à toi.** C'est fabuleux. **Ecoute-toi** !
Ecoute-toi parler aux autres. En fait, tu es en train de te parler à toi. Tu leur donnes un conseil ? Tu es en train de te donner un conseil ! désormais, écoute-toi avec attention, et vois comment tes propos raisonnent à l'intérieur de toi.
Notes quelques exemples qui t'ont marqué dans ton carnet de voyage.

Il en est de même dans les disputes. Que reproche-tu à l'autre de faire ou ne pas faire ? Que lui reproche-tu de ne pas t'apporter ? Que toi-même, tu ne t'apportes pas ?
Que te montre l'autre ? Peut-être te montre-t-il que tu aimerais vivre ce qu'en fait tu lui reproches, mais que tu n'oses pas ? Peut-être te montre-t-il que c'est possible ? que tu peux t'autoriser des choses que tu t'es interdit jusqu'à maintenant ? Ou te montre-t-il autre chose… cherche !
Tout ce que tu reproches aux autres sont des choses que tu ne te permets pas de faire. Pour quelles raisons ? sont-elles réellement valables ?

Pour terminer ce chapitre j'aimerais te raconter une anecdote très simple qui m'a fait prendre conscience du fonctionnement des miroirs.
Quand j'ai commencé à voyager, je trouvais que tous ces gens, à l'étranger, étaient d'une gentillesse incroyable.
A chaque retour de voyage je me disais que nous étions, dans notre pays, vraiment mal aimables et renfermés….
Puis j'ai utilisé mes miroirs et je me suis rendu compte qu'il s'agissait en fait uniquement de mon état interne.
Lorsque j'étais en vacances, j'étais ouverte, détendue, souriante, je parlais avec tout le monde. Aussi, toutes les personnes que je croisais étaient disponibles et souriantes. Dès que je rentrais chez moi, je retournais à mon mode de vie rapide et stressé. Évidemment, je m'attirais des miroirs grossissants et déformants de mon état d'esprit.
Quand j'ai compris que tout partait de moi, j'ai décidé de me comporter chaque jour comme si j'étais en vacances.
Résultat ? Crois-moi sur parole ; dans mon pays comme ailleurs, on rencontre des gens fabuleux ! Chaleureux, accueillants, ouverts et souriants !!

Aller… une petite astuce en bonus. Tu veux savoir comment va une personne ? Comment elle va « réellement » ? Ne lui demande pas directement. Demande-lui des nouvelles de ses enfants ou de son conjoint ou même de son animal de compagnie. En te parlant d'eux, elle le fera avec son ressenti interne qui influencera immanquablement son discours. Et elle ne fera que te parler d'elle en croyant te parler d'eux.
… Teste ! et n'oublie pas de le noter dans ton carnet de voyage !

Avant d'aller plus loin, faisons une courte révision et reprenons si tu le veux bien les 4 premiers principes, et voyons comment s'ils s'organisent entre eux:

1/ Je sais ce que je veux : je détermine un objectif précis défini positivement.
2/ J'identifie mes croyances limitantes et je mets en place les croyances dynamisantes nécessaires à l'atteinte de mon objectif.
3/ J'utilise intentionnellement la loi d'attraction : j'attire à moi tout ce sur quoi j'oriente mon énergie. Aussi, je travaille à transformer mes pensées négatives en pensées positives, je visualise mon objectif atteint (et non le « comment » il pourrait être atteint) et je passe à autre chose, je reviens au présent.
4/ Pour mieux me connaitre et me reconnaitre, comprendre et accepter mes comportements et mes attitudes, pour vivre des relations équilibrées, pour vérifier la progression de la réalisation de mon objectif, j'utilise les miroirs que j'attire. Je travaille sur moi plutôt que de vouloir changer l'extérieur.

Peut-être te demande-tu comment faire pour transformer les pensées qui peuvent polluer ton énergie créatrice et entretenir cette attitude positive quand te trouves dans une situation difficile ?
Souviens-toi que la loi d'attraction te renvoie la matérialisation de l'énergie de tes pensées. Si tu entretiens des pensées négatives, tu attireras des situations difficiles. En constatant ces situations difficiles, tu envoies à nouveau des pensées négatives qui se matérialiseront ... et ainsi de suite. Pour sortir de ce cercle sans fin, tu dois te rappeler que la situation dans laquelle tu te trouves actuellement est la matérialisation de tes pensées passées.
Il s'agit donc de faire un réel l'effort, malgré la situation, pour changer l'orientation de tes pensées. Tes pensées doivent être dirigées vers la confiance en l'amélioration de ta situation.
Je ne parle pas de répéter des phrases qui n'auront aucun sens pour toi, et auxquelles tu ne crois pas. Encore une fois, si les mots sont importants, c'est l'énergie qui les accompagne qui est créatrice. Si tu n'as pas encore ce que tu veux c'est que la vibration que tu envoies n'est pas alignée sur ta demande.
Si tu proclames la richesse mais qu'en même temps tu restes inquiet(e) sans pouvoir imaginer une réelle amélioration... l'énergie d'inquiétude que tu envoies est beaucoup plus forte que tes mots, et toutes ces phrases que tu proclames n'auront aucun effet.
Je te propose d'envisager sérieusement la fin de ta situation difficile.
Je te le répète, cela demande un véritable entrainement : détourne ton énergie des problèmes que tu vis actuellement. Réaligne-toi plusieurs fois par jour s'il le faut, surtout lorsque des pensées de doute et de peur surgissent. Visualise-toi dans une posture de bien-être jusqu'à la ressentir.
Constate qu'à cet instant précis, tout va bien.
Cesse de te lamenter, cesse de ressasser tes peurs, visualise ta situation transformée par un changement radical. Ce n'est pas une attitude irresponsable, comme certains peuvent le croire, bien au contraire ! De toute façon, la situation EST telle qu'elle est, et t'appesantir dessus ne te servira à rien, et tu n'as rien à perdre à tenter cette solution. En revanche, en faisant cet exercice ton plus grand risque est de voir ta situation se transformer de façon positive bien plus rapidement que tu ne peux l'imaginer....
Teste !

Dans le prochain principe tu vas comprendre que pour accéder au Bien Etre et au Succès, il est important de calmer cette voix intérieure créatrice de nombreux parasitages.

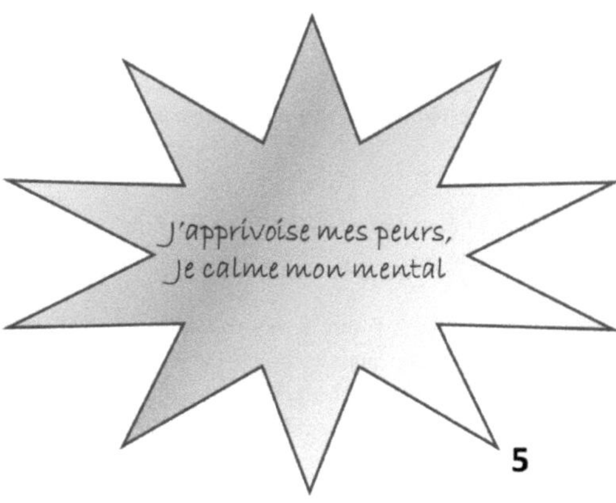

Dans ce nouveau principe tu vas comprendre l'importance d'apprivoiser tes peurs et calmer ton mental. Ou si tu préfères, ton critique intérieur. Remarque que je ne te dis pas d'agir sur une quelconque personne à l'extérieur, mais encore une fois, de travailler sur toi. Et oui ! qui vient t'évaluer et te juger en premier, à chaque instant et à chacune de tes actions ? Même lorsque cette action n'est encore qu'à l'état d'idée, de pensée ? Ton voisin ? ton conjoint ? Tes enfants ? Tes parents ? Tes amis ? Tes professeurs ? NON ! Toi !

Bien souvent, ton pire ennemi se trouve dès le matin dans le miroir de ta salle de bain … et au lieu de t'accueillir avec Joie, enthousiasme et bienveillance, il commence immédiatement à te scanner et à te juger avec mauvaise humeur sur tes cernes, ton poids, et la journée compliquée que tu risques de passer.

La reconnais-tu cette voix qui te rappelle en permanence tout ce que tu n'as pas su faire et que tu ne sauras jamais faire ? Qui te conseille de ne pas prendre de risque, voire de ne rien tenter du tout ? que ça ne sert à rien…. Cette voix qui te dit que ton projet ne tient pas la route, que tout ce dont tu rêves n'est pas pour toi... Pour d'autres, sans doute, mais pas pour toi ! Qui te répète en boucle que tu ne vas pas y arriver, que tu vas te planter ! Qui t'empêche même de dormir ! Qui te fait d'abord imaginer comment tu vas échouer avec toutes les conséquences dramatiques que tu vas subir, et ensuite, qui te fait envisager toutes sortes de plans pour t'en sortir.
C'est de la folie pure !
Suis-je en train de raconter n'importe quoi ? Bien sur que non !
Nous sommes très forts pour visionner des films sur grands écrans. Le pire, c'est que nous sommes les réalisateurs de ces films, et la salle de projection, c'est notre tête ! Et reconnais que c'est rarement "la petite maison dans la prairie" . Nos films d'horreurs sont dignes des plus grands réalisateurs dans ce domaine ! Tout y est : l'angoisse, la peur, les cris, les larmes, la maladie… parfois même la mort. Mais rien n'est réel ! et pourtant, en imaginant toutes ces horreurs, tu envoies une énergie créatrice. Et le(a) seul(e) responsable, c'est toi ! Personne d'autre.

Admets que c'est tout de même stupéfiant ? La plupart d'entre-nous a plus d'habilité à visualiser des situations dramatiques que des situations merveilleuses !
Nous sommes plus enclins à nous dire : « et si ça ne marche pas ? », mais jamais : « et si ça marchait ?! »
Ce qui m'étonne toujours c'est cette fâcheuse tendance à nous entrainer les uns les autres dans cette spirale.
Ne t'arrive-t-il jamais d'écouter sans sourciller une personne raconter le film de ses peurs et de toutes les conséquences dramatiques qui pourraient en découler, voire même envisager des choses terribles avec elle ?
On lui dit combien elle a raison d'entrevoir le pire ! « Mon Dieu, mais c'est vrai ! Tu te rends compte ? Ce qui pourrait t'arriver ? Mais comment ferais-tu ? … »
Combien d'entre nous trouveraient plus logique de l'inviter à voir les choses différemment, de réorienter son énergie de façon plus positive ? Pas grand monde….
Et quand une personne exprime des projets merveilleux, ne t'est-il jamais arrivé de penser, voire même, de lui dire ouvertement, de redescendre sur terre ? On l'encourage, non pas à se lancer, mais à faire attention. On lui fait entrevoir des risques potentiels…. « Tu as prévu un plan B ?… On ne sait jamais. ». « On ne sait jamais » ! Quoi ?

C'est effrayant ! Comment de telles tendances négatives et pessimistes trouvent-elles plus de place et de légitimité dans notre quotidien ? Comment est-ce possible ?

En fait, nous marchons sur la tête.
Imagine une grande entreprise, dans laquelle, un jour, un membre du personnel, décide de prendre toutes les décisions à la place du patron. Cet employé, dont le travail est sans doute très important, n'est cependant qu'un exécutant et n'a pas la vision claire et les perspectives du patron. Malgré cela, il compte bien diriger cette grande entreprise avec ses moindres compétences, ses connaissances et sa conception des choses. Il a bien conscience que ce n'est pas son rôle et tout cela le rend plutôt nerveux et stressé… mais comme personne ne le remet à sa place, il s'impose ouvertement.
Que pense-tu qu'il puisse arriver ?

Nous sommes cette grande entreprise. Le patron, c'est cette force qui vit en nous, cette puissance, cette intuition, ce génie ou ce guide intérieur, appelle-le comme tu le veux, qui nous porte et nous pousse vers la réalisation de nous-mêmes. …. Mais seulement lorsque nous lui en laissons la possibilité. D'ailleurs, tu le dis : « c'est génial » lorsque tu te sens inspiré(e).
Celui qui a décidé de prendre la place du patron, c'est notre mental totalement inexpérimenté pour nous guider et nous inspirer.
Notre mental ne vit que dans le passé avec des remords, des regrets ou dans le futur avec des doutes et des peurs.
Notre mental est un fabricant de peurs. Notre mental n'agit pas, il « envisage » des possibilités. Et généralement de façon plutôt pessimiste. Son objectif est que nous ne bougions pas trop pour ne pas nous mettre en danger. Et il est très fort pour nous en convaincre. Il se souvient de tout ce qui n'a pas marché, mais aussi ce que nous n'avons pas tenté et nous le rappelle en permanence.
Mais ses peurs à lui, ne sont pas fondées car il ne vit pas dans l'instant présent, ce n'est pas son moment.

En effet, il faut distinguer deux sortes de peurs : les réelles et les imaginaires.
La peur réelle est celle que nous ressentons lors d'un vrai danger qui arrive sur l'instant ou de façon imminente. Elle nous permet d'agir instinctivement, comme ces personnes qui soulèvent une voiture pour sauver un enfant coincé dessous, et qui y arrivent car leurs forces, sur l'instant, sont décuplées. Cette peur est bénéfique car elle va nous donner les informations et l'énergie nécessaire pour lutter ou fuir.
La peur imaginaire n'est pas vraie. Ce n'est qu'une projection. Elle n'existe pas concrètement dans le présent.
Cette peur n'est qu'une élucubration de notre mental qui ne cesse d'envisager le pire. « Et si, et si et si….. »
Notre mental est capable de gâcher notre journée à se faire le film des « et si, et si, et si » et simultanément envisager leurs solutions.
Peut-être penses-tu que parfois, ça arrive ? Effectivement. Et ne t'en étonne pas, car La loi d'attraction est opérante….. Et tu passes ton temps à te projeter ces films en boucle. Pas étonnant qu'ils se matérialisent.

Cette capacité de créer toute cette énergie dévastatrice apparait lorsque nous laissons le pouvoir à notre mental sans réagir.

Si nous devions dresser les fiches signalétiques de notre mental et de notre « Génie Intérieur » ; que pourrions-nous en dire ? Qu'est-ce qui les distingue ? Logent-ils dans les mêmes parties de notre corps ? Que nous font-ils ressentir ? vivent-ils dans le même espace temps ?

Voici le schéma que j'utilise lors de mes séminaires pour bien distinguer leurs différences.

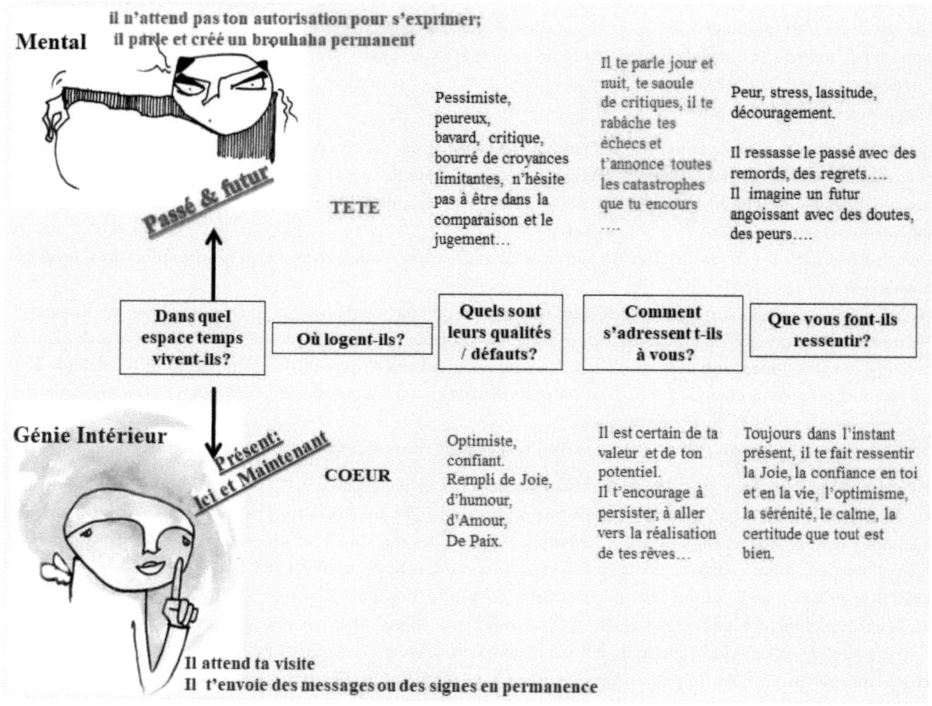

	Dans quel espace temps vivent-ils?	Où logent-ils?	Quels sont leurs qualités / défauts?	Comment s'adressent t-ils à vous?	Que vous font-ils ressentir?
Mental il n'attend pas ton autorisation pour s'exprimer; il parle et créé un brouhaha permanent	Passé & futur	TETE	Pessimiste, peureux, bavard, critique, bourré de croyances limitantes, n'hésite pas à être dans la comparaison et le jugement…	Il te parle jour et nuit, te saoule de critiques, il te rabâche tes échecs et t'annonce toutes les catastrophes que tu encours ….	Peur, stress, lassitude, découragement. Il ressasse le passé avec des remords, des regrets…. Il imagine un futur angoissant avec des doutes, des peurs….
Génie Intérieur Il attend ta visite Il t'envoie des messages ou des signes en permanence	Présent: Ici et Maintenant	COEUR	Optimiste, confiant. Rempli de Joie, d'humour, d'Amour, De Paix.	Il est certain de ta valeur et de ton potentiel. Il t'encourage à persister, à aller vers la réalisation de tes rêves…	Toujours dans l'instant présent, il te fait ressentir la Joie, la confiance en toi et en la vie, l'optimisme, la sérénité, le calme, la certitude que tout est bien.

En examinant ce schéma, peux-tu dire à qui tu as donné le pouvoir de diriger ton entreprise ?

Comme tu peux le constater, à la différence du mental, notre Génie Intérieur ne vient pas hurler dans nos oreilles ni ne nous harcèle pour que nous l'écoutions. Il attend que nous nous tournions vers lui. A la différence de notre mental, il vit dans le présent.
Si tu ne l'entends ni ne le ressens pas, ce n'est pas tant qu'il cesse de te conseiller, c'est juste que tu n'es pas dans des dispositions optimales de « réception », par trop de bruit généré par ton mental.
En accordant plus d'attention et d'espace à ton Génie Intérieur, en étant dans le présent, tu obliges ton mental à se taire et ainsi s'apaisent avec lui les peurs, les doutes, les remords et les projections en tous genres.
Alors, ton guide intérieur peut te conseiller. Mais encore une fois, pour l'entendre…. Il faut faire le silence.

6

Connais-tu cette vieille légende hindoue qui raconte qu'« il y eut un temps où tous les hommes étaient des dieux. Mais ils abusèrent tellement de leur divinité que Brahma, le maître des dieux, décida de leur ôter le pouvoir divin et de le cacher à un endroit où il leur serait impossible de le retrouver. Le grand problème fut donc de lui trouver une cachette.

Lorsque les dieux mineurs furent convoqués à un conseil pour résoudre ce problème, ils proposèrent ceci : "Enterrons la divinité de l'homme dans la terre." Mais Brahma répondit : "Non, cela ne suffit pas, car l'homme creusera la terre et la trouvera."

Alors les dieux répliquèrent : "Dans ce cas, jetons la divinité dans le plus profond des océans."

Mais Brahma répondit à nouveau : "Non, car tôt ou tard, l'homme explorera les profondeurs de tous les océans, et il est certain qu'un jour, il la trouvera et la remontera à la surface."

Alors les dieux mineurs conclurent : "Nous ne savons pas où la cacher car il ne semble pas exister sur terre ou dans la mer d'endroit que l'homme ne puisse atteindre un jour."

Alors Brahma dit : "Voici ce que nous ferons de la divinité de l'homme : nous la cacherons au plus profond de lui-même, car c'est le seul endroit où il ne pensera jamais à chercher.

Depuis ce temps-là, conclut la légende, l'homme a fait le tour de la terre, il a exploré, escaladé, plongé et creusé, à la recherche de quelque chose qui se trouve en lui. »

Ne va plus chercher ailleurs ce qui se trouve en toi. Pour découvrir ta vérité, tu dois parvenir à écouter, à voir les signes, les messages, les avertissements que ton Guide Intérieur t'envoie.

Pour ça, il te faut réduire au maximum les bruits de fond que produit sans cesse cette voix qui parle dans ta tête et qui commande à la place de ton Guide. Il te faut calmer ton mental.

Ton travail consiste à inclure dans ton emploi du temps une « pause Silence ».

Note dans ton agenda ce rendez-vous quotidien avec ton meilleur ami, ton conseiller.

Teste !

Je te parle de méditation ? Absolument ! Aujourd'hui tout le monde reconnait que ce moment de connexion à soi est bénéfique pour la santé. Plusieurs livres et même des applications en parlent et propose des méditations guidées. Le mot méditer est entré dans le langage courant, mais qui pratique vraiment la méditation comme un outil de bien-être ? Combien de temps encore faudra-t-il pour que cette pratique soit prise au sérieux comme étant notre solution bien-être à tous les niveaux ?

Mais peut-être penses-tu que c'est compliqué ? Que tu n'y arriveras pas ou tu n'as pas assez de temps ? Moi, je te dis que non seulement tu peux le faire mais qu'en plus, en t'imposant ce rendez-vous, ta journée sera optimisée.
Imagine que tu aies à prendre la route alors que ta voiture est sur la réserve de carburant. Vas-tu quand même t'engager sur l'autoroute en prétendant que tu n'as pas le temps de faire le plein ? Bien sûr que non ! Tu vas prendre ce temps sans te poser de question.
C'est une évidence : tu dois "alimenter" ton véhicule, lui donner l'énergie nécessaire avant de partir.
Alors ? pourquoi « écouter » les besoins de ta voiture et pas les tiens ? Comprends-tu à quel point c'est important ? Prendre quelques minutes par jour pour t'intérioriser et te ressourcer te fera gagner du temps et améliorera grandement tes compétences.

Encore une fois ! Teste! ***Et n'hésite pas noter tes ressentis dans ton carnet de voyage.***

Je te propose de commencer tranquillement. Il ne s'agit pas de rester des heures assis en tailleur. L'important est de rester éveillé dans une posture assise de préférence, le dos bien droit afin de capter toutes les « informations » de l'Univers.
« Capter les informations de l'Univers » ? Tu penses que je plaisante ? Assurément non ! Regarde ton téléphone. T'es-tu déjà demandé comment, malgré sa taille ridicule, il te permet de communiquer à l'autre bout de la terre ? Peut-être est-il temps de se rendre compte que nous possédons également une extraordinaire antenne de réception en nous que nous n'utilisons que trop rarement, voire jamais.
Commence par prendre 5 minutes le matin. 5 petites minutes pour faire le silence en toi et connecter juste le moment présent et ainsi faire le plein d'énergie.
Choisis un endroit calme dans lequel tu ne seras pas dérangé(e). Ce sera peut-être pour toi un rendez-vous en nature ? Dans la forêt, face à la mer? Dans un temple ou une église ? Ou tout simplement dans ton salon ou ta chambre ? Si tu choisis une musique, fais en sorte qu'elle ne soit pas envahissante ou génératrice de vagabondages émotionnels. L'idée n'est pas de voyager dans tes souvenirs, mais bien de rester présent(e) à l'instant.
Il existe quantité de musiques qui peuvent t'aider. Tu peux aussi t'aider en concentrant ton regard sur la flamme d'une bougie …. Ou utiliser un cd de méditations guidées.
Trouve ta meilleure méthode mais n'attends pas. Cela fait partie de l'entrainement et c'est sans doute la partie la plus importante. Pendant ces quelques minutes, cesse de penser à tes soucis, cesse de penser à hier, à demain, à la minute suivante. Ton mental doit se taire. Concentre-toi sur ta respiration.
Commence par 5 minutes et tu verras que tu prendras goût à ça et que ces 5 minutes vont se transformer au fil du temps en beaucoup plus. Et là, étrangement, tu trouveras le temps. Parce que tu auras compris que cette « pause Silence » est essentielle.

Les Fleurs de Bach peuvent t'aider pour calmer l'agitation intérieure.
Par exemple, si tu n'arrives pas à faire taire ton mental, pense à White chestnut,
Si tu ressens de l'impatience, pense à Impatiens,
Si tu ressens de la colère, pense à la fleur Holly,
Si tu as l'impression que tu vas exploser, pense à Cherry plum,
Si tes pensées s'envolent pense à Clématis,
Si tu te sens découragé(e), sceptique ou pessimiste, pense à Gentian,
Si tu penses ne pas pouvoir tenir ta décision, pense à Walnut,
Si tu te ressens de la tristesse, pense à Mustard,
Si tu te ressens du desespoir, pense à Sweet Chestnut.
2 gouttes dans un verre d'eau chaque jour suffiront.

Instaure le silence pendant ces quelques minutes, puis, ensuite, visualise-toi te remplir de dynamisme, de confiance en toi, de Joie.
Enfin, prends quelques secondes pour poser les questions importantes qui te préoccupent et laisse venir les réponses. Tu les obtiendras assurément. Peut-être immédiatement, ou dans la journée, ou les jours qui suivent.

« Demandez et vous recevrez » est-il écrit dans la bible. Alors, demande ! Demande à qui tu veux, Dieu, Jéhovah, Bouddha, Krisna, Mahomet, ton Guide, ton Ange gardien….
Demande selon tes croyances religieuses si tu en as.
« En vérité je vous le dis, tout ce que vous demandez en priant, croyez que vous l'avez pour ainsi dire reçu, et vous l'aurez ». (Marc 11 :23). Prie si tu penses que c'est mieux.

Peu importe la manière dont tu le fais, l'important, selon la loi d'attraction, est d'envoyer une pensée dans l'Univers.
Demande, non pas « pourquoi » tu vis telle ou telle situation, mais « comment » faire pour la transformer.
Demande à être éclairé(e), à être guidé(e) et surtout sois attentif(ve) aux signes.
Car les signes, tu en reçois déjà, plus que tu ne peux en imaginer. Mais aujourd'hui tu ne les vois pas.
Prendre conscience de tous ces signes vont te sembler tout simplement prodigieux et amusant !
Tu auras tes réponses de multiples façons. Ton regard va être subitement attiré vers le message d'un panneau publicitaire qui te donnera ta réponse, ou un conseil …. Une personne que tu ne connais pas va t'interpeller et te livrer l'information que tu cherches….
Des mécanismes pouvant paraitre magiques se mettront en place pour répondre à tes demandes et tes attentes.
Ce ne sont jamais des réponses approximatives, ce sont des réponses tout à fait claires. Tu sauras que ce ne sont pas des illusions, que cela te concerne personnellement : tu le sentiras à l'intérieur de toi, tu vibreras.
Cesse de tergiverser, teste !

Et prends le temps de les noter tous les mécanismes que tu vas vivre dans ton carnet de voyage. C'est tellement merveilleux de pouvoir s'en souvenir !

Bien sûr, ton mental ne va pas apprécier du tout cette tentative de le remettre à sa juste place et cherchera tous les moyens possibles pour te faire rater ce rendez-vous.
Tu ne me crois pas ? Décide dès maintenant de mettre en place cette pause silence. Et vois si demain tu n'auras pas un empêchement quelconque…… comme oublier de te réveiller, ou un gros dossier à traiter en urgence. Comme c'est curieux …
Ton mental rechigne et tente encore de garder le pouvoir sur ta vie! Sourie, mais ne le laisse pas faire.

« Oui mais… dans ce cas, ce n'est pas de ma faute ! », vas-tu me dire ?
Effectivement, ce n'est pas ta faute. La « faute » c'est pour celui ou celle qui croit au paradis et à l'enfer. En revanche, tu y es bien pour quelque chose. ***C'est de ta responsabilité.***

"Si vous pensez que vous n'êtes peut-être pas responsable de la main qui vous sert, vous êtes néanmoins responsable de ce que vous en faites" dit le dicton.
Alors, Qu'as-tu décidé de faire dans à cette situation ? Quel est ton choix ? C'est ici que se trouve ta responsabilité.

La notion de responsabilité est très importante si tu veux accéder au Bien-être au Succès.
Et nous allons aborder cette notion maintenant.

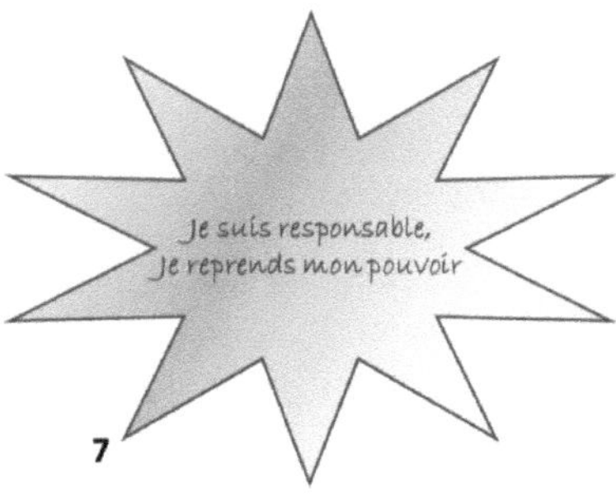

Pas 10, pas 20, pas 50….. mais 100% responsable. Vraiment ?

Te réattribuer ta responsabilité à 100% va te permettre de reprendre ton pouvoir et transformer véritablement ta vie.

Quand on parle de responsabilité, beaucoup d'entre nous pensent uniquement à toutes ces décisions que nous avons à prendre au niveau social. Prendre la décision de se marier, de faire des enfants, de faire des études, de travailler……
Mais il existe une définition plus précise de la responsabilité : être responsable c'est accepter d'être créateur/créatrice de tout ce que nous vivons.
Rappelle-toi, tout est énergie. Nous vibrons sur une fréquence en fonction de nos pensées et de nos croyances et « attirons à nous les personnes et les situations qui se trouvent sur cette même fréquence. ».
Personne ne peut penser à ta place, personne ne peut aller visiter ta tête, changer ce qui s'y passe et t'imposer ses propres pensées.
Reprendre ton pouvoir, c'est arrêter de te comporter en victime et imaginer que tout ce qui t'arrive est la faute d'une personne ou d'une situation. « C'est à cause de …. mon conjoint, ma situation financière, mes parents, mes voisins …… ».

Quoi qu'il arrive, quelle que soit la situation dans laquelle tu te trouves ou quel que soit ton interlocuteur : tu as la le choix et l'entière responsabilité de tes pensées …. Et de leur matérialisation.

Ta situation professionnelle ne te convient pas ? Tu attires toujours des patrons qui ne te respectent pas ? Vérifie ta croyance.

Tu vois ce que c'est un homme sandwich ? C'est une personne qui circule en portant deux panneaux de publicité, un devant et l'autre sur le dos.
Nous sommes tous des hommes sandwich énergétique. Imagine les pancartes énergétiques d'une personne sur lesquelles il serait écrit : "je crois que tous les patrons exploitent leurs employés. Si vous faites partie de ceux-là, je suis à votre disposition pour un poste chez vous. Ça ne me plait pas du tout, mais ainsi, je serais en phase avec ma croyance." C'est ainsi que nous créons notre réalité !
Tu reprends ton pouvoir lorsque tu reconnais que ta réalité n'est que la matérialisation de l'énergie que tu envoies en fonction de tes pensées et de tes croyances, conscientes ou inconscientes.
Il n'est donc plus question de te plaindre de ce qui se passe dans ta vie. Change tes croyances et tes pensées, et de ce fait, l'extérieur changera.

Reprendre ton pouvoir, c'est aussi reconnaitre que tu as obligatoirement des avantages à rester dans une situation et ne pas la changer… même si tu t'en plains.
C'est difficile mais tu n'en sors pas !…. Réfléchis. Il y a obligatoirement un bénéfice secondaire à cela.

Reprenons l'exemple de ce patron tyrannique. Tu te plains sans arrêt qu'il ne te respecte pas.
Premièrement, utilise ce miroir pour te demander ce qu'il te renvoie de toi. Que te montre-t-il ? Te respectes-tu en restant dans cette situation qui ne te convient pas?

Ne pas s'aimer commence par tous les « je devrais » que tu répètes à longueur de temps. « je devrais faire ci… », « je devrais dire ça »…. tous ces « je devrais » sont autant de critiques que tu t'adresses. Imagine : tu « devais » et tu n'as pas fait. C'est impardonnable.
Je devrais, je devrais….. Pourquoi te harceler ainsi ? Arrête de rabâcher et demande-toi pourquoi tu n'es pas encore passé à l'action ?
Et si tout simplement tu n'avais pas envie ? Et si tous ces « je devrais » n'étaient que des contraintes par rapport aux désirs, au regard, aux critères et au jugement des autres?
Reprends ton pouvoir : si au lieu de dire « je devrais », tu disais « si je voulais, je pourrais ». Que se passe t-il ?

Bien des personnes passent leur temps à se dévaloriser. Elles se comparent aux autres et se trouvent invariablement une multitude de défauts. Elles n'hésitent pas à se critiquer ouvertement « je suis trop ceci, trop cela, pas assez ceci, pas assez cela…… », « Mon Dieu suis-je bête, mais quel(le) imbécile je fais! »…
Qui respecte-tu le plus lorsque tu passes ton temps à t'auto-saboter ? « Je ne vois pas pourquoi on me choisirait », « Je ne suis pas à la hauteur », « Je n'y arriverais jamais! »….
Te reconnais-tu dans ces quelques phrases ?

Je me suis souvent demandé pourquoi nous agissions ainsi. Pourquoi reconnaissons-nous plus facilement les qualités et les possibilités des autres que les nôtres ?
Pourquoi excusons nous toujours très facilement les autres et pas nous? Ce que les autres font c'est toujours mieux. Eux, ils peuvent. Eux, c'est moins grave. Eux c'est normal. Eux ils ont le droit!

Se critiquer tout le temps, s'oublier, se dévaloriser en permanence est la preuve d'un manque de compassion, de respect et d'amour envers soi-même. C'est également la preuve évidente que tu as laissé le pouvoir à ton mental…

En quoi est-ce important de reconnaitre sa valeur, de s'accepter, se respecter et s'aimer ?
Rappelle-toi, nous fonctionnons avec la loi d'attraction : « nos pensées et nos croyances se matérialisent et deviennent notre réalité ».
Reprenons le premier exercice que tu as fait sur l'identification des croyances. En es-tu arrivé(e) comme beaucoup à cette conclusion : « je ne mérite pas » ?
Penser « je ne mérite pas » signifie également « je ne me reconnais pas à ma juste valeur ». C'est te refuser ce qui est bien pour toi.
Réfléchis un instant. Si tu crois ne pas mériter, si tu te refuses ce qui est bien pour toi, comment penses-tu obtenir ce que tu souhaites ?
Je vais te dire ce qui va se passer : tu vas le tenir bien en vue devant toi….. sans jamais l'atteindre.
Tu peux toujours demander ce que tu veux, tu n'obtiendras qu'à la hauteur de ce que tu crois mériter.

Si tu veux changer ta vie, connecter le Bien-être et le Succès, apprends à t'aimer et à approuver tes actions. Commence par reconnaitre que, comme les autres, tu mérites le meilleur.

« Je m'aime, je m'accepte, je suis ma plus haute priorité je mérite le meilleur. »
Ressens ce qui se passe à l'intérieur de toi lorsque tu te valides.

« Je m'aime, je m'accepte, je suis ma plus haute priorité je mérite le meilleur. »
Certaines personnes vont sans doute penser qu'elles ne peuvent dire ce genre de chose, que c'est bien trop égoïste, prétentieux, égocentrique… Qu'elles sont habituées à penser et donner d'abord aux autres. Que les autres passent avant elle. Honnêtement, as-tu déjà vu quelqu'un manquer de tout et pouvoir donner aux autres ?
C'est la même chose pour l'amour. Commence par te remplir d'amour et de respect pour toi. Ainsi, tu rayonneras jusqu'à en déborder. C'est uniquement de cette façon que tu pourras donner librement aux autres.

Tu peux dès maintenant apprendre à t'aimer. Prends un engagement envers toi-même. Un engagement qui prouve que tu décides de te respecter et de t'aimer tel(le) que tu es.

Tu peux procéder de cette manière en inscrivant dans ton carnet de voyage :
« Je m'aime et je me respecte. C'est pourquoi, à partir d'aujourd'hui, je prends l'engagement de … »
Ou encore,
« Je m'aime et je me respecte et c'est pourquoi à partir d'aujourd'hui, je décide de … »
Respecte et renouvèle cet engagement chaque jour jusqu'à ce qu'il devienne ta réalité incontestable.

La méditation te sera d'une grande aide. Profite de ce temps de silence pour connecter ce sentiment d'amour. Demande! Demande à ressentir cette sensation. Sois attentif(ve). Très vite tu sentiras monter cette vibration dans ta colonne vertébrale, dans chacun de tes membres, comme une énergie qui te parcoure…. Laisse-toi envahir et porter par cette onde de bien-être. Toute ta journée en sera transformée.
Encore une fois…. Teste ! Sois sceptiques…. Mais teste !

S'aimer et se respecter sont, comme tu as pu le remarquer, des éléments clés sur le chemin du Bien être et du Succès.
Pour autant, tu ne pourras y accéder pleinement qu'en récupérant toute l'énergie restée fixée aux événements pénibles de ta vie. Pour cela, seul le pardon pourra t'aider.
Il est possible que tu serres déjà les dents, ne serait-ce qu'en lisant ce mot, pardon.
Tu lis « pardonner » et tu te dis immédiatement : « impossible ! Comment peut-on me demander une chose pareille ! »
S'il est impossible pour toi de pardonner, je te propose de nommer à voix haute celui ou celle qui te vient instantanément à l'esprit.
Maintenant, dis-moi…
Cela te semble t-il logique de pouvoir nommer instantanément une personne pour laquelle tu éprouves tellement de rancune ? Te rends-tu compte à quel point tu es lié(e) à cette personne ? Elle est omniprésente dans ton esprit. Depuis combien de temps, d'ailleurs ?

Tu souhaites te venger ? Tu envisages de le faire ? Ou pas ? Tu souffres ? Tu aimerais que l'autre souffre autant que toi ? Mais es-tu certain(e) que ce soit le cas? Peut-être qu'il ou elle t'a déjà relégué(e) au rang des vieux souvenirs !
Réfléchis. Cette personne t'a fait énormément de mal ? Mais est-ce encore le cas aujourd'hui ?
Peut-être est-ce seulement ce que tu nourris qui te fait souffrir. Tu entretiens une relation étroite avec une émotion négative et tu lui donnes le nom et le visage de cette personne. Et tu vas vivre avec elle jusqu'à la fin de tes jours…. tant que tu n'auras pas pardonné.

Pardonner est un acte libérateur. ***C'est un cadeau que tu te fais à toi.*** Il te délivre de la prison dans laquelle tu t'es enfermé(e). Pardonner te libère de ce que tu généres en colère, haine, amertume, ressentiment…

Certaines personnes ne peuvent envisager de pardonner parce qu'elles font des confusions entre ce qu'est et n'est pas le pardon. Elles se privent de pardonner ou s'empêchent de le faire parce qu'elles ne comprennent pas la véritable nature du pardon.
Elles pensent que pardonner est une marque de faiblesse ou une trahison s'il s'agit d'un événement ayant touché aussi une personne qu'elle aime.
Plus l'événement a été douloureux plus elles pensent qu'il est impossible de pardonner.
Elles disent qu'elles ne pourront jamais "oublier".
Mais, pardonner ne veut pas dire oublier. Les blessures "oubliées" sont en fait enfouies très profondément mais continuent de faire souffrir inconsciemment.
Pardonner commence par une démarche de guérison volontaire. Tu te souviendras toujours de l'événement. Mais il ne te fera plus souffrir.
C'est un peu comme une cicatrice sur le corps. Quand on la touche, elle ne fait plus mal. C'est la même chose lorsqu'on pardonne. La marque de l'événement est toujours là mais tu ne souffres plus.

Pardonner c'est accepter ce qui est. Rien n'effacera les conséquences d'un acte ou d'une parole malheureuse. Nous ne pouvons pas revivre les événements pour les changer. Pardonner à un meurtrier ne ramènera malheureusement jamais sa victime à la vie. En revanche, nous pouvons transformer la perception que nous en avons.
Pardonner c'est décider de reprendre l'énergie que nous utilisons dans la rancune et la haine afin de l'utiliser de façon positive à notre propre cheminement et réalisation.
Pardonner c'est reprendre son pouvoir et ne plus se laisser envahir par un stress continuel tel que le ressentiment qui, comme toutes les émotions négatives, lorsqu'elles sont entretenues peuvent être à l'origine de très graves maladies.

Le pardon est une réelle démarche d'amour envers soi et pour la réhabilitation de l'offenseur, de son être. C'est arriver à le dissocier de l'acte qui l'a conduit à agir de la sorte, et ne pas le condamner à perpétuité. Pour autant, le préjudice subit doit absolument être réparé.

Pardonner ne veut pas dire se réconcilier ou devenir amis(es). S'il s'agit de ton ami(e), la réconciliation est une suite possible après le pardon, mais ce n'est pas systématique. Tu as le libre arbitre et c'est à toi de décider si tu souhaites ou non poursuivre la relation et l'approfondir. Débarrassé(e) de l'amertume, tu peux également décider d'en rester là et de suivre ton chemin de ton coté.

Pardonner peut prendre du temps. La personne qui pardonne doit demeurer libre de son choix.
Cela n'a rien à voir avec le fait de « passer l'éponge ». C'est un travail qui engage tout notre être, notre cœur et notre intelligence.
Il est important pour cela de reconnaitre et accepter ses émotions, les exprimer, puis les laisser aller. Vouloir brûler les étapes de la guérison, c'est recoudre une plaie infectée. Un jour ou l'autre, elle s'aggravera. Pour pardonner, il ne faut pas brusquer ce qui se passe en toi. Ce n'est pas un acte héroïque de la volonté dans lequel on bride ses émotions.
Le pardon peut demander du temps et ne sera complet que lorsque tu arriveras à ressentir la paix intérieure.

Pardonner permet de se libérer du poids du chagrin et des souvenirs douloureux. Se sentir à nouveau libre et léger(e) pour avancer. C'est faire la place pour permettre au meilleur à venir.

S'aimer, se pardonner et pardonner, peuvent-être, selon la vie que tu as eue jusqu'à maintenant, des principes difficiles à mettre en œuvre.
N'essaie pas d'y arriver par ta seule volonté. Laisse-toi aider.... Connecte ton Guide et ta force intérieure.
Tu seras étonné(e) de trouver autant de ressources en toi.

Il est temps maintenant de faire une révision.

1/ Tu connais l'importance de savoir exactement ce que tu veux et tu définis ton objectif de façon claire et positive.
Tu te rappelles qu'il ne t'appartient pas de savoir « comment » les choses vont se matérialiser. Ton travail est uniquement de savoir ce que tu veux recevoir : tu visualises uniquement ton objectif atteint.
Tu travailles à transformer tes pensées négatives en pensées positives.

2/ Tu sais que ce sont tes croyances qui te font avancer ou te freinent dans ta réalisation.
Tu sais également qu'une croyance qui te dynamise n'est pas plus vraie qu'une croyance qui te limite. Aussi, tu prends soin d'identifier te croyances limitantes et tu les remplaces par des croyances dynamisantes et aidantes dans l'atteinte de ton objectif.

3/ Tu utilises intentionnellement la loi d'attraction : « Je vibre sur une fréquence en fonction de mes pensées et de mes croyances et « j'attire à moi les personnes et les situations qui se trouvent sur cette même fréquence. ». Aussi, tu es à l'écoute de tes ressentis afin de mieux connaitre l'orientation de tes pensées.

4/ Tu utilises tes miroirs comme indicateur de ta posture interne et de l'avancée de ton objectif.
Tu sais que les personnes et les situations que tu attires à toi sont le reflet de ce qui se passe à l'intérieur de toi.
C'est pourquoi tu ne cherches plus à changer l'extérieur, mais tu travailles à changer ta vibration.
Tu es conscient(e) que les transformations que tu opères en toi sont immédiatement visibles à l'extérieur. Soit la situation ou la personne gênante changera ou disparaitra naturellement de ta vie, soit tu ne seras plus dérangé(e) par cette personne ou cette situation.
Tu te sers également de tes miroirs dans ce que te renvoient les autres en termes de qualités, de ressources et d'attitudes positives.

5/ Tu sais que pour calmer tes peurs, tu dois calmer ton mental.
Tu restes confiant(e) dans le fait que la loi d'attraction fonctionne assurément.

6/ Tu prends le temps de te centrer, de faire le silence et connecter ton Guide intérieur qui sait te guider sur ton chemin. Tu profites de ce moment pour poser les questions qui te préoccupent.
Tu sais que tu as absolument TOUT en toi. L'aide dont tu as besoin se trouve à l'intérieur de toi et non à l'extérieur et tu vas connecter cette puissance aussi souvent que nécessaire.
Plus tu passes de temps à t'intérioriser, plus tu développes ton discernement, ta confiance, ton intuition et ta créativité.

7/ Tu reprends ton pouvoir et cesse de te comporter en victime en reconnaissant ta responsabilité dans tes expériences de vie. Tu sais que tu as le choix de la perception des événements que tu vis. Tu décides d'assumer la manière dont tu vas vivre chaque situation nouvelle.

8/ Tu es ta plus haute priorité et reconnais que tu mérites le meilleur.
Tu apprends à pardonner et te permets ainsi de retrouver la liberté. Tu récupères ton 'énergie afin de l'utiliser dans ta propre réalisation.
Tu t'acceptes et tu t'aimes tel(le) que tu es. Tu profites de tes instants de méditation pour te remplir d'amour jusqu'à en déborder. Naturellement, tu rayonnes et irradies ce sentiment extrêmement positif tout autour de toi.
La loi d'attraction répond à ta pensée positive en matérialisant le meilleur pour toi.

Vois-tu à quel point ces principes sont indissociables, logiques et inter-agissants ?
Et comment aucun d'entre eux ne peut être mis de côté, et de quelle manière ils peuvent t'aider à changer ta réalité?
Mais.... Ce n'est pas terminé. Il manque encore deux pièces à ce puzzle. Dès qu'elles auront été posées, tu auras devant toi une véritable carte routière de vie. Un mode d'emploi complet qui te permettra de réaliser des transformations extraordinaires dans ta vie.
As-tu envie de poursuivre ta lecture ?
Alors, passons au 9° principe.

Lors de mes séminaires, lorsque que j'aborde « l'ancrage » dans le présent, certaines personnes me répondent : « ah moi, je vis complètement, je suis à fond dans le moment présent ! je profite….. »
Mais si j'engage la conversation avec ces personnes, elles n'hésitent pas à évoquer tous les problèmes qu'elles ressassent dans leurs têtes. D'après toi, vivent-elles réellement dans l'instant présent ?
Quand tu évoques hier et demain, tu ne fais qu'y **penser.** Tu ne le vis pas. Même si tu dis les vivre dans ta tête, ce n'est qu'en pensées.
Hier est passé… Tu n'as aucun pouvoir dessus. Tu as vécu certains événements, ils ont bel et bien existé mais tu ne peux pas les changer. Tu peux juste changer la perception que tu en as.
Demain est une illusion, que tu ne fais qu'imaginer.
Ce que tu vis, là tout de suite, c'est le présent. Le présent est le seul moment réel de ta vie, c'est le seul moment sur lequel tu as un pouvoir d'action.
Le présent est le seul vrai moment que tu peux gouter, sentir, respirer, savourer, transformer : VIVRE.
Tout le reste n'est qu'illusion.

Tu pourrais rétorquer que visualiser un objectif n'est pas vivre le présent puisque c'est imaginer une situation future. Effectivement.
Mais, je ne te dis pas de n'avoir aucune pensée. Au contraire et surtout si celles–ci sont créatrices.
De plus, l'exercice de visualisation est un entrainement spécifique de courte durée. En aucun cas cela doit se transformer en des pensées que tu ressasses.
Je te rappelle que cette pratique te permet de projeter tel un rayon laser une situation que tu désires atteindre. Puis de passer à autre chose. C'est-à-dire revenir au présent.

Ce 9ème principe est en lien étroit les principes 5 et 6, et tu vas voir qu'être ancré(e) dans le présent va te permettre de calmer automatiquement ton mental.
Tu as compris que le mental réside dans des temps qui n'existent pas : le passé et le futur. Il n'est jamais dans le présent. JAMAIS.

Nous allons faire une expérience…
Concentre-toi quelques instants sur cette voix qui te parle dans la tête. D'ailleurs, entre-nous, c'est assez incroyable, on entend des voix ! Et elles nous parlent tellement que l'on trouve même normal de les écouter!
Bref… Revenons, à cette voix. Écoute…. Elle rumine …. Quels sont les histoires qu'elle te raconte ? Quels sont les films en projection dans ta tête ?
A ce moment précis, ton mental a pris le contrôle. Tu es dans l'illusion du futur.
Attention, la petite voix envisage une situation qui **pourrait** arriver….. Ça y est ! Tu es en train de te créer des images de cette situation, tu la repasses en boucle, avec des variantes…. Tu fais intervenir des personnages….
Ça parle, ça parle, ça parle…… et ça s'explique, et ça donne son avis…….. Et ça étiquette…..Et ça juge……
Et tout cela en niant complètement l'instant présent.
En effet… regarde autour de toi : que se passe-t-il en réalité ? Rien de ce qui se trame dans ta tête.

Retournes-y une nouvelle fois. Là, ton mental te fait revivre des situations qui ont déjà eu lieu.... Te voici dans le passé. Et tu revis une douleur, une peine, ou même une joie....
Reconnais qu'il peut t'arriver de te refaire le film d'une situation vécue plusieurs heures voire plusieurs jours auparavant. Tu revis la scène et tu t'expliques à nouveau. Tu trouves de nouveaux arguments, que tu n'as pas eu sur le moment. Ça t'agace même ! Tu es déçu(e) de ne pas avoir eu cette répartie ! Tu te défends encore ou bien tu prends plaisir à te réentendre t'exprimer. .... Et tu repars pour un tour.... Encore et toujours....... ***dans ta tête !***
Ton corps est dans l'ici et maintenant, alors que ton mental t'a embarqué dans l'illusion du futur ou du passé. Dans les deux cas, ce sont des situations sur lesquelles tu n'as aucune prise. A chaque fois, tu nies complètement l'instant présent.
Et nous faisons ça à longueur de journée.

Il y a une chose très simple a retenir : En t'ancrant dans le présent, tu ne croiseras jamais ton mental ! Tu seras complètement débarrassé(e) de ses turpitudes.

Voyons à nouveau comment fonctionne le mental.
Même s'il parait sûr de lui, le mental est très vulnérable et inquiet. Il sait qu'il a profité d'un manque d'attention de notre part pour usurper la place du vrai commandant de bord : notre Guide Intérieur, notre lumière.
Il sait que si nous prenons conscience de ses manipulations, nous allons le remettre à sa juste place et qu'il n'aura plus aucun contrôle sur nous. En revanche, il ne lui restera que sa fonction initiale à respecter, c'est-à-dire : être à notre service. Et non l'inverse.

Notre mental n'est absolument pas dans l'être.
Pour rester en vie, et garder le contrôle, il crée la division entre nous et notre source : nous empêchant de nous centrer, de connecter notre guide intérieur. Il crée également la division entre nous et les autres en nous faisant jouer des rôles, et nous garde prisonnier(e) dans ses représentations.
Il nous raconte des histoires, il occupe tout notre esprit et peut nous faire croire aussi que pour ETRE, il faut ABSOLUMENT posséder.
Il agite des chiffons rouges et crée la confusion en nous faisant nous comparer, nous jauger, nous évaluer les un(e)s par rapport aux autres en étouffant volontairement ce que nous sommes intrinsèquement. Il embrume notre esprit et nous détourne complètement de notre sérénité intérieure en créant la cupidité, la possessivité, la peur de manquer, le stress, la rancœur, l'amertume...
Je m'explique : vouloir accéder à une meilleure situation professionnelle, aspirer à l'aisance financière ou tout autre chose matérielle est tout à fait naturel et légitime, et depuis le début je t'explique comment y parvenir.
Mais vivre dans l'abondance est notre destinée et nous avons le droit d'en bénéficier sans aucune limitation. C'est un droit ouvert à tous et il est possible d'y accéder à tout moment. Si ce n'est pas encore fait, cela ne dépend que de tes croyances sur la question. En aucun cas la source n'est tarie. Et contrairement à ce que ton mental te faire croire, il y en a pour tout le monde.
Mais l'abondance ne veut pas dire avoir un compte en banque qui déborde. Ça n'a pas de sens.
L'abondance c'est avoir ce que nous souhaitons au meilleur moment et en ressentir de la gratitude et de la Joie.
Demander de l'argent à l'Univers pour réaliser un souhait prouve que tu n'es pas dans la confiance dans ses mécanismes mais que tu es encore dans ton mental qui te fais croire que l'argent est la seule solution pour te mener à sa réalisation.
L'univers n'a pas besoin de tes conseils et a bien plus de ressources que tu ne le penses. Arrête de demander de l'argent. Visualise ton projet finalisé et cesse de te demander comment ça va arriver. Je te l'ai déjà dit, ce n'est pas de tes compétences.

Lors d'un séminaire une jeune fille m'expliqua qu'elle souhaitait de tout cœur entrer dans une école spécialisée. Elle pleurait parce qu'elle n'avait pas la somme nécessaire pour financer ses études. Je lui ai juste demandé : « que veux-tu ? cet argent ou entrer dans cette école ? ». Un peu choquée, elle me répondit qu'elle voulait effectivement entrer dans l'école. Je lui ai proposé de se visualiser le faire... Ne t'occupe pas du financement, ce n'est pas de tes

compétences. Elle a tout d'abord soufflé et levé les yeux au ciel, n'y croyant absolument pas. Puis elle a tout de même essayé. Deux semaines plus tard, elle m'apprit qu'elle avait été admise gratuitement dans cette école. Ce fut ainsi jusqu'à la 3ème année où ses excellents résultats lui permirent d'être, en plus, rémunérée pour suivre sa formation.

Incroyable, non ?! Mais vrai !

Cela dit, ne te laisse pas prendre au piège de ton mental et ses jeux de rôle. Ce n'est pas ce que tu possèdes qui te définit.
Quelle que soit la situation dans laquelle tu te trouves, tu ne connaitras le vrai Bonheur qu'en étant vivant(e) et connecté(e) dans l'ici et maintenant. De ce fait, en envoyant une énergie positive de gratitude, tu dynamiseras la réalisation de tes projets … et de ta vie.

Ne nie pas l'instant présent et concentre-toi sur tous les merveilleux moments que tu vis. Ainsi, tu feras taire ton mental.
Réjouis-toi et envisages l'avenir sous de meilleurs auspices. Vois le meilleur arriver, déclare-le à haute voix, sois-en certain(e).
J'insiste, ne fais pas de confusion. Tu as défini un objectif à atteindre ? C'est génial. Mais ATTENTION, ce n'est PAS QUE lorsque tu l'auras atteint que tu seras heureux(se). C'est un mensonge de ton mental.
Notre mental nous fait entrevoir des situations futures et nous fait croire que le Bonheur c'est demain. Quand on aura la maison de nos rêves, la voiture, le voyage, un meilleur revenu, un meilleur emploi…Quand les enfants seront grands, quand ils auront fini leurs études… quand on sera guéri(e), plus mince, moins seul(e)… De cette manière, nous passons notre vie à attendre ces choses, malheureux de ce que nous n'avons pas, ou pas encore, ou plus ! Vivant reclus dans notre imaginaire et en loupant complètement le merveilleux instant présent.
Pour être berné(e)s une nouvelle fois par notre mental qui nous dit : « finalement, c'était mieux avant !! C'était le bon temps… » !
Ainsi la vie devient une course effrénée dans la consommation de toutes choses sans aucun vrai plaisir parce que dès que nous avons cette chose, on se rend compte que le Bonheur attendu n'est pas au rendez-vous … Et notre mental revient à la charge à nouveau en nous faisant croire que si… si… le Bonheur sera là… mais avec cette nouvelle chose à acquérir absolument.
Si tu laisses ton mental diriger ta vie, tu ne pourras jamais vivre et profiter de la puissance de transformation de l'ancrage dans présent.

Le Bonheur n'est pas le « cadeau surprise » d'une acquisition ou d'une réalisation personnelle aussi belle soit-elle. Le Bonheur, il est là, en toi. Il attend d'être reconnu et entretenu… par toi, tout de suite.

Rappelle-toi que ton Guide Intérieur est dans l'instant présent. Tu ne peux le contacter que dans cet espace temps. Et c'est lui qui peut te guider vers le Bien-être et le Succès tout en vivant le magnifique moment présent. Car avec lui le Bonheur c'est aujourd'hui.
Si tu veux vivre dans la Joie, être en meilleure santé, être plus créatif(ve) et prospère, il te faut absolument résider dans l'ici et maintenant.
Etre ancré(e) dans le Présent te libère complètement des chaines du mental et te fait générer une énergie essentiellement positive.

Être complétement ici et maintenant demande un niveau de conscience et une vigilance extrême. C'est un entrainement de chaque instant car très vite ton esprit peut être emporté par les vagabondages de ton mental.
Entraine-toi et vois la différence quand tu es totalement « présent(e) ». Vois comme les situations s'organisent au mieux lorsque tu ne te laisses pas happer par l'inquiétude du mental. Tout est parfait à l'instant présent.
Vérifie ! Là, tout de suite, quelle que soit ta situation, il ne se passe rien de grave. Et s'il survient un événement, n'importe lequel, tu le géreras avec beaucoup plus de précision, d'assurance et de sérénité en étant connecté(e) à ta puissance intérieure.

C'est le travail que tu as à faire à partir d'aujourd'hui. Observe-toi, vis chaque instant complètement. Ressens les choses et les gens en étant parfaitement présent(e). Dès que tu sens tes pensées partir dans le futur ou le passé, ramène-les tranquillement ici et maintenant.
Sens la paix s'installer en toi, le bien-être, la tranquillité. Sens tout ton être se rééquilibrer. Respire !

Note tes expériences dans ton carnet de voyage !

Enfin, retiens ceci : Détermine un objectif et reste confiant(e) quant à sa réalisation.
Sois certain(e) que les mécanismes se mettent en place pour sa réalisation au meilleur moment.
En attendant : lâche ! Et VIS l'instant présent. Ne laisse pas ton mental s'accaparer ton objectif et t'«embobiner ». Ne le laisse pas te souffler à nouveau « ça sera bien quand tu auras atteint ton objectif… » « Tu vois, là, c'est pas encore le Bonheur… ». Non ! Ton mental essaie à nouveau de t'embarquer dans les illusions du futur !
Rappelle-toi, le Bonheur c'est maintenant. Dans tous ces petits gestes du quotidien, dès que tu te lèves le matin, dans tes échanges avec tes proches, dans ta recherche de ce nouvel emploi ; quand tu regardes le ciel, quand tu cuisines, quand tu déjeunes avec tes collègues…..
Quand ton objectif n'est pas encore réalisé mais que tu te réjouis d'être sur le chemin de sa réalisation, et que tu vis pleinement chaque instant qui t'y mène.
Tu mérites le meilleur, tu as droit de réaliser tes rêves mais ne sois pas dupes : le Bonheur c'est le chemin.

Peut-être vas-tu me dire que toi, ce n'est pas pareil ? Toi, tu as de vrais soucis et tu as envie de tout sauf d'être dans le Présent. Ce qui te préoccupe justement, c'est de pouvoir passer à autre chose, et vite !
Et bien, nous allons aborder le dernier principe qui est évidemment la suite logique de celui-ci. Il en est même la mise en pratique.
En effet, tu vas comprendre que ce n'est qu'en lâchant prise et en accueillant pleinement l'instant présent que tu pourras « passer à autre chose »… et vite … !

Avant tout, ne pense pas qu'être ancré(e) dans le Présent est plus facile pour ceux pour qui tout semble aller bien. Prenons l'exemple de ces personnes qui ont beaucoup d'argent. Si elles ne sont pas conscientes des lois de l'Univers, et selon les croyances qui les structures, leur mental peut leur faire vivre les pires cauchemars, notamment la peur de tout perdre ce qui pourra, autant qu'une personne qui ne possède rien, déclencher tôt ou tard des maladies causées par cette angoisse.
Lors d'un séminaire, j'ai rencontré une dame extrêmement aisée qui vivait dans la peur de perdre ses biens matériels. Son mental tourmenté lui faisait entrevoir toutes sortes de situations qui l'empêchaient complètement de profiter de ce qu'elle possédait. Elle était dans le même état d'angoisse qu'une autre personne du groupe, qui elle, se demandait comment elle allait payer son loyer à la fin du mois.
Ni l'une ni n'autre n'était ancrée dans le Présent. Les deux avaient laissé le pouvoir à leur mental qui les « baladait » allégrement dans le train fantôme de leur esprit, les empêchant toutes les deux de connecter leur partie divine et l'accès à la véritable abondance de l'Univers.

La seule façon de connecter la puissance de transformation de l'instant présent passe par le lâcher prise.
Mais qu'est-ce que ça veut dire « lâcher prise » ?
Lâcher prise ça veut dire tout simplement : **cesser de résister**. En effet, plus tu résistes à une situation, plus tu lui donnes de l'énergie.
Aller, on fait un nouveau rappel : la loi d'attraction renforce tout ce sur quoi tu focalises ton énergie. Or, en refusant une situation, bien que tu proclames ne pas la vouloir, tu ne fais qu'y penser. Ainsi, tu lui accordes énormément d'énergie. Tu la dynamises.
Tu penses encore « Mais non, puisque je n'en veux pas ! » ?
Reprenons avec un exemple :
Imagine que la loi d'attraction réponde à ton regard. Elle matérialise et dynamise uniquement ce sur quoi tu poses ton regard.
Sur ta droite, tu as une situation qui te déplait fortement et dont tu veux te débarrasser rapidement. Pourtant, tu continues à fixer cette situation en disant « je n'en veux plus, je n'en veux plus ! ».
La loi d'attraction répondant à ton regard, amplifie la situation que tu regardes même si tu déclares ne plus en vouloir.
Si tu déplaces ton regard sur la gauche, la loi d'attraction s'activera pour matérialiser la nouvelle situation que tu as choisie de regarder. En attendant, la situation sur la droite est toujours là. Mais tu n'y résistes plus.

Si tu es dans une situation inconfortable, et que tu la refuses, c'est un peu comme si tu répétais sans cesse : « je ne veux pas de CETTE SITUATION, je ne veux pas de CETTE SITUATION ». d'accord, tu ne la veux pas. Pourtant tu restes branché(e) sur elle.

L'acceptation est donc le premier pas vers le lâcher prise : effectivement tu vis une situation qui ne te convient pas, tu acceptes que ce soit ainsi en ce moment mais ça ne veut pas dire que ça va durer car dès à présent, au lieu de te battre contre cette situation, donc y résister, tu orientes toutes tes pensées vers celle que tu souhaites vivre maintenant.

En d'autres termes, lâcher prise veut dire : Je cesse de NIER ce qui se passe dans l'instant présent. J'observe ce qui se passe, mais ne permet pas à mon mental d'étiqueter l'événement ou de faire des commentaires qui me feraient à nouveau focaliser dessus.

Lâcher prise ne veut pas dire se résigner et accepter sans bouger.
En revanche, en reconnaissant la situation, en lâchant prise, tu récupères tout ton potentiel d'énergie pour le diriger vers autre chose.

Rappelle-toi que tu as la totale liberté de choix de rester dans la situation ou d'en changer.
Pour transformer la situation, tu vas devoir passer par différents stades.
Tout ce qui va suivre peut donc se faire simultanément et opérer des transformations extrêmement rapides dans ta vie. Regarde plutôt :
1/ Je reconnais et accepte la situation = je restes ancré(e) dans le Présent.

- A quoi ça me sert de rester dans cette situation?
- Quelles sont mes croyances et mes pensées par rapport à cette situation?
- Faut-il les changer ? si oui, je le fais avec l'exercice du changement de croyance limitante.

2/ Je visualise ce je souhaite vivre à la place.

3/ J'affirme ma détermination et ma confiance dans la réalisation de mon objectif

4/ Je m'engage dans la réalisation de mon objectif en faisant le 1er pas.

Si les conditions extérieures sont trop difficiles à accepter, permets-toi de prendre le temps, en accueillant ce que tu ressens à l'intérieur de toi.
Permettez à ta souffrance d'être là. Comme pour le reste, ne laisses pas ton mental l'étiqueter ou faire des commentaires à propos d'elle.
Ne te bats pas contre elle, ne cherche pas à l'éliminer. Sinon, tu seras à nouveau dans la résistance ! Reconnais-la, accepte-la, accueille-la et laisse la passer…
Si tu n'y arrives toujours pas: demande-toi si tu as réellement envie de t'en séparer. A quoi te sert-elle ? Accueille les réponses spontanées qui te viennent et observe ce qui se passe.

Lâcher prise c'est te permettre de ressentir pleinement l'émotion qui est là plutôt que de vouloir à toutes forces la réprimer.
C'est un peu comme ces larmes que l'on retient devant un film qui nous émeut. On ne veut pas pleurer, surtout pas ! Généralement à cause du regard des autres. Mais, plus on résiste, plus la boule dans la gorge augmente, et plus c'est difficile à retenir…. On entre dans les schémas du mental, on cherche le meilleur moyen pour dissimuler ce qu'on retient… et on en perd la saveur de l'instant présent.

Le lâcher prise c'est ça aussi : Tu veux réaliser quelque chose de particulier, qui te tient à cœur, tu y crois profondément, mais tu doutes d'y arriver? tu as peur ? Reconnaisse-le ! Dis-le ! N'essaie pas de jouer un rôle. Reconnais : « C'est vrai, j'ai peur.» « Mon Dieu, j'ai peur, j'ai peur, j'ai peur !! » et respire.
Dis à tes peurs que tu sais qu'elles sont là, demande leur d'avancer avec toi plutôt que de se mettre en travers de ton chemin. Puis, lance-toi.
Tu as envie de pleurer ? Pleure !! Laisser couler, laisser allez…. Sens cette libération ! Observe comme c'est étonnant ce calme qui t'envahie après avoir vraiment pleuré…. La paix s'installe….
Les émotions enfin reconnues et accueillies te laissent ensuite toute la liberté pour agir.

Tu as le droit également d'exprimer à haute voix ton ressenti en public. C'est le meilleur moyen de t'en libérer. Tu as peur de parler devant une assemblée ? Dis-le ! Commence ton discours par cette phrase : « Je préfère vous le dire, je suis terrorisé(e) à l'idée de parler devant autant de personne ! ». Tu as peur de passer un entretien, dis-le !

« Vous savez, cet entretien est tellement important pour moi que j'en tremble ! »… Et vois ce qui se passe en toi. C'est absolument génial ce ressenti immédiat de libération.

Cet entrainement n'a qu'un seul et unique but : te permettre d'accéder à la puissance de transformation de l'instant présent. En faisant cela, tu seras pleinement ici et maintenant. Te te sentiras vraiment apaisé(e). Ton horizon s'ouvrira, s'illuminera.

Nous avons largement évoqué le lâcher prise dans des situations difficiles, mais il en est de même dans les moments magnifiques.
Combien de fois es-tu passé(e) à côté d'un moment extraordinaire qui se présentait à toi en laissant ton mental s'en emparer pour le gâcher complètement : « c'est trop beau, ça ne peut pas durer ! » ; « Comment être sûr(e) que je ne vais pas revenir en arrière ? » … Bref, tu as compris… Pendant que ton mental te promène à nouveau dans le labyrinthe de ses angoisses, dans le passé, dans le futur…. Tu perds la magie de l'instant présent.

Comme nous avons vu dans le principe précédant, être ancrée dans le Présent est quelque chose d'intense. C'est être pleinement là…. Dans un espace de paix dans lequel la voix de ton mental s'est tue, elle ne fait plus aucun commentaire, elle ne juge pas, elle n'étiquette pas. Tu es là et tu observes. Toutes tes émotions négatives ont disparu.
Il n'y a que dans cet espace de paix que ton guide intérieur pourra ouvrir des portes vers le changement. Agir puissamment dans tout ton corps. Te communiquer des solutions, des idées nouvelles. Te faire sentir la joie, la confiance et la sécurité quelque soit la situation.
As-tu saisi maintenant l'importance de «lâcher prise » ?

Certaines personnes n'accèdent à la paix du lâcher prise qu'en « craquant ». Elles sont désespérées, épuisées, mais elles s'accrochent et luttent. Tous les murs de la maison s'effondrent mais elles s'évertuent à vouloir les soutenir tous… Toute seule. Poussées à bout par les ruminations de leur mental. Puis, quelque chose craque à l'intérieur d'elle-même…. Elles lâchent sous trop de pression.
Elles regardent autour d'elles….. Elles font une sorte de constat… elles sont encore en vie… elles retrouvent l'envie ! Et enfin elles sourient. Elles sont libérées. Rien ne sera plus jamais comme avant. La vie toute entière ne leur apparaitra jamais plus comme avant.
Cela arrive souvent à des personnes qui ont échappé de peu à la mort, ou pour d'autres qui sont passées par une grave maladie ou dépression…
Quel chemin !! Et en même temps quelle souffrance ! Nous ne sommes pas obligés d'en passer par là. Nous pouvons accéder au lâcher prise beaucoup plus simplement et sereinement.

Rappelle-toi que, quelle que soit ta situation, une des choses les plus aidantes est de **faire taire ton mental**. Je ne le dirais jamais assez.
Tu te souviens de quelle façon ? **En faisant le Silence**, pour enfin pouvoir entendre la voix de ton Guide Intérieur et le laisser te guider.
La méditation reste le meilleur outil à ta disposition pour faire le silence, ressentir la présence et toute la puissance de ton guide, lâcher prise, soigner le corps et l'esprit, être ancré(e) dans le Présent et dans la sécurité intérieure véritable.
Teste….

Maintenant que tu connais les effets bénéfiques du lâcher prise, il t'appartient de changer ou non les choses.
Si tu décides de les changer, il va te falloir, comme je l'ai mentionné plus haut dans le point 3 « affirmer ta détermination et ta confiance dans la réalisation de ton objectif ».

Affirmer ta détermination. A qui ? Comment ?
Voyons cela !

Je vais te raconter l'histoire des deux fermiers qui priaient pour leur récolte. « Tous deux suppliaient Dieu tous les matins, les midis et les soirs pour que tombe l'eau sacrée qui permettrait une récolte dorée.
Toutefois, Dieu, dans toute sa sévérité et omnipotence ne choisit de faire pleuvoir que sur un seul fermier. Mais le quel et pourquoi? Le seul fermier qui reçut la pluie fut celui qui avait préparé ses champs pour la recevoir la tandis que l'autre fermier attendait qu'il pleuve pour se mettre à l'ouvrage. »[2]
Affirmer ta détermination, c'est préparer ton champ. C'est être certain(e) que ce que tu as « demandé » est assurément en voie de matérialisation. Et pour cela, tu dois préparer ton champ : faire le premier pas.

J'aime cette citation tirée du livre « l'Alchimiste » de Paulo Coelho : « Quand tu veux quelque chose, tout l'Univers conspire à sa réalisation ». Tu te rends compte ? Une conspiration ! C'est autre chose qu'un petit coup d'pouce !!
Mais pour autant, tu as ta part de travail à effectuer, tu dois poser des actes.
Engage-toi dans la direction que tu as choisie. N'attends pas des garanties ! échafaude des plans, prends des notes, fais des recherches si besoin, prends des contacts….. Mets-toi immédiatement en action.
Tu dis que tu n'as pas les moyens financiers pour réaliser ton objectif ? Commence quand mêmes tes investigations. N'oublie pas, l'Univers "conspire" en ta faveur : les événements s'organiseront pour réaliser tout ce que tu n'es pas en mesure de faire toi-même avec tes seules ressources ! Sois attentif(ve) à tout ! Rappelle-toi que rien n'arrive par hasard. Vois comme les choses s'organisent.
Souviens-toi également que ce n'est pas à toi de savoir « comment » ça va s'organiser. Ça se fera. Tout s'orchestrera au-delà de tes espérances, parce que dans ton cheminement et dans les actes que tu poses, tu envoies une énergie créatrice. La loi d'attraction ne peut faire autrement que répondre à cette énergie.
Surveille ce qui se passe à l'intérieur de toi : affirme avec détermination : « accès interdit aux troubles du mental » !

Si en revanche, tu n'engages rien, va vérifier en toi : tu n'y crois pas. TOUT SIMPLEMENT. Ta peur ou tes doutes sont plus forts que l'énergie de ta demande. Il ne se passera rien. Tu es comme le fermier qui prie Dieu POUR RIEN car il n'y croit pas.

Je me répète : il te faut prendre la direction de ton objectif, pour que les synchronicités se mettent en place. Sois attentif(ve), observe les signes, toutes ces mains tendues, toutes ces opportunités qui se présenteront à toi! Tu vas t'amuser ! C'est étonnant. N'oublie pas de remercier pour tout ce que tu vas vivre sur ce chemin !

Et si quelque chose ne se passe pas comme tu le pensais ? Ne doute pas. C'est surement qu'un plus court ou meilleur chemin t'attend vers ta destination.
Lors d'un séminaire, une participante expliquait qu'elle était déçue de n'avoir pas été retenue pour un poste qu'elle convoitait. Elle est restée néanmoins centrée sur son objectif et quelques jours plus tard, on lui proposait un poste identique mais encore plus près de chez elle !
Elle avait noté dans son « bon de commande » qu'elle souhaitait un emploi le plus près possible de chez elle afin d'être disponible chaque midi.

Note tout ce qui te parait important dans ta demande. Tu veux rencontrer l'amour ? Fais son portrait robot ! Décris-le ! Je suis sérieuse ! Décris-le ! Il est en chemin.
Ça me fait penser à ce film dans lequel une petite fille, qui ne veut absolument pas tomber amoureuse, fait une description de l'homme de sa vie avec tellement de détails qu'il parait impossible qu'il puisse exister. « Il sera comme ci, et comme ça, et comme ci et comme ça, il aura un œil bleu et un œil marron… » ….
Que crois-tu qu'il soit arrivé ?

Enfin, restes connecté(e) au moment présent, profite de chaque instant et remercie sincèrement, de tout ton cœur, car de cette manière tu envoies encore et toujours cette énergie positive qui nourrit ta demande et la dynamise de plus belle.

[2] Histoire reprise du journal quantique de Pierre Morency

Sois certain(e) que l'abondance, la prospérité, le succès et la joie ne sont pas des promesses d'avenir mais des garanties auxquelles tu as droit dès à présent. Regarde autour de toi, ouvre les yeux. Comment se manifeste l'abondance dans ta vie ? En la reconnaissant dans les petites choses que tu vis au quotidien, tu actives ton énergie de gratitude.

Vois les petits comme les grands mécanismes, vois-les comme des miracles de la vie ; souris, réjouis-toi. La loi d'attraction est toujours active et elle amplifie ton ressenti.

Tu vas te sentir dans un état de joie permanente, c'est garanti.

Teste le remerciement dans tes méditations. C'est un exercice d'une puissance extraordinaire. Remercie. Simplement ça : « merci, merci, merci, merci….. »

Tu vas trouver ridicule de faire ça ? Qu'importe, « merci, merci, merci… ». Tu trouves ça comique ? Continue, « merci, merci, merci… »…. Ça ne fait rien ? Insiste, « merci, merci merci… »

Laisse ce remerciement pour rien et pour tout, monter en toi, se transformer, prendre une force et une raison d'être exprimé. Laisse-toi surprendre.

Et note tes remerciements dans ton carnet de voyage !

Oh la la! Tu es presque arrivé(e) à la fin de ce livre et encore tu marmonnes ? Mais teste !

Remercie et dis « je t'aime ».

La gratitude et l'Amour sont les sésames de la transformation. Ces simples mots : « Merci » et « je t'aime » ont une puissance vibratoire extrêmement élevée. Ils t'aideront dans la compréhension de tes miroirs, ton travail de pardon ainsi que pour calmer tes peurs.

Ça y est ! Tu es en possession des éléments de compréhension du POURQUOI de la vie que tu mènes ainsi que du mode d'emploi du COMMENT la transformer.

As-tu remarqué qu'il y a tout et rien à faire à la fois ? **Décider**, puis, te laisser porter.... La transformation commence à l'intérieur. Pour cela, la méditation est, pour moi, incontestablement, l'outil le plus puissant pour connecter cette puissance.
Ces dix principes sont simples, logiques et interactifs et sont de véritables boosters de bien-être.
Certains sont des mécanismes qui opèrent déjà naturellement dans ta vie : la loi d'attraction, les croyances, les miroirs... La grande différence, aujourd'hui, c'est que tu as conscience de leur « présence active ». Il te suffit juste de t'entrainer afin de te les approprier et vivre une vie à la hauteur des nouvelles croyances que tu vas désormais choisir.
Une fois assimilés et complètement intégrés, ils feront naturellement du "lien" entre eux. Tu n'auras plus à te tordre l'esprit, tout cela sera naturel chez toi.

Il te reste à décider si tu entres ou non dans la salle d'entrainement...
Et oui.... Tu as le libre arbitre !

Et si c'est oui, c'est ici que commence l'entrainement :

A toi de noter tes commentaires, remarques et engagements de travail (à la suite des symboles : **☛)**

Je sais ce que je veux :

- ☛ Je détermine clairement et positivement un objectif **(je pose une date)**
- ☛

Selon la loi d'attraction je crée ma réalité, en fonction de mes croyances et de mes pensées :

- ☛ Je surveille mes pensées
- ☛ Je vérifie mes croyances limitantes et je les change
- ☛

Je crée ma réalité et attire à moi des miroirs :

- ☛ J'identifie ce que je me renvoie à travers mes miroirs **(mon conjoint, mes enfants, mes collègues de travail...)**
- ☛ J'identifie ce que je me dis au travers de ces miroirs
- ☛

Je calme mon mental :

- ☛ A chaque peur, je me place en observateur/observatrice : j'écoute « la voix » qui parle à l'intérieur sans me laisser entrainer dans ses illusions
- ☛

Je connecte mon Guide Intérieur:

- ☛ Je prends l'engagement de faire le silence en moi, 5 minutes par jour
- ☛ Je remercie
- ☛

Je reprends mon pouvoir et ma responsabilité :

- ☛ Je cesse de me comporter en victime : je reconnais ma responsabilité dans les expériences de vie que j'attire
- ☛

Je pardonne, je me pardonne :

- ☛ Je prends l'engagement de me pardonner pour...

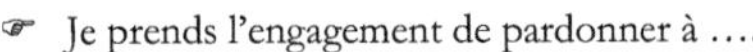

- Je prends l'engagement de pardonner à ….
- ..

J'apprends à m'aimer à me valider à être ma plus haute priorité :

- Je prends l'engagement de ne plus me critiquer
-

J'ai conscience que le seul vrai moment de vie se situe dans l'instant présent :

- Je m'ancre solidement au présent, je vis chaque instant intensément
-

Je lâche prise :

- Je reconnais la situation présente, je l'accepte
-

A ton tour, fais des liens, et constate l'interaction entre ces 10 principes. C'est magique !

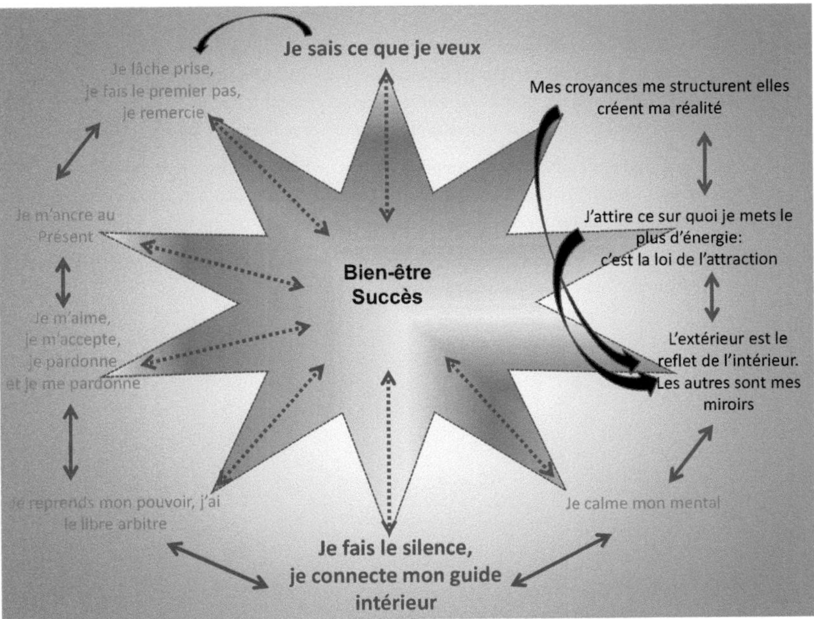

Enfin, il est important de commencer par quelque chose.
Tu peux définir un programme léger à suivre avec application. Par exemple :

Toute cette semaine est consacrée à la Positive Attitude.

Dès le matin, en me regardant dans mon miroir, je me souhaite une bonne journée.

Lundi : Je me lève 5 minutes en l'avance, je prends le temps de faire le silence, je remercie pour cette journée.
A la fin ce ces 5 minutes, je définis un objectif simple que je souhaite atteindre et le visualise finalisé.
Je cherche une raison positive à tout ce que je vis.
Je souris, et garde ma bonne humeur en toute circonstance.

Mardi : Je me lève 5 minutes en l'avance, je prends le temps de faire le silence, je remercie pour cette journée.
Je fais le premier pas pour la réalisation de mon objectif : une recherche, prendre des contacts…
J'observe les émotions que cela génère en moi de faire ça.

Mercredi: Je me lève 5 minutes en l'avance, je prends le temps de faire le silence, je remercie pour cette journée.
Je m'amuse à regarde tous les signes autour de moi. Toutes les coïncidences, les mécanismes qui se mettent en place.

Jeudi : Je me lève 5 minutes en l'avance, je prends le temps de faire le silence, je remercie pour cette journée.
Je suis attentif(ve) aux élucubrations de mon mental, je prends conscience de mes peurs illusoires.
Je remets mon mental à sa place, s'il le faut, je dis à haute voix : « tout cela n'est pas réel ! »

Vendredi : Je me lève 5 minutes en l'avance, je prends le temps de faire le silence, je remercie pour cette journée.
Je m'entraine à écouter attentivement tout ce que je dis aux autres.
Je me rappelle que cela me permet de détecter mes croyances.
Si je constate que j'énonces une croyance limitante, j'utilise l'exercice pour la changer.

Samedi : Je me lève 5 minutes en l'avance, je prends le temps de faire le silence, je remercie pour cette journée.
J'observe mes miroirs. Je chercher ce qu'ils me renvoient, de ce que je n'accepte pas en moi.
Je me réapproprie ma responsabilité de tout ce que je vis.

Dimanche : Je me lève 5 minutes en l'avance, je prends le temps de faire le silence Je remercie pour cette journée.
Je fais le bilan de tout ce que j'ai vécu et changé dans cette semaine.

Avant de nous quitter, j'aimerais te rappeler que « Savoir ce que l'on veut », concerne toutes nos décisions au quotidien.
Il est important de savoir ce que l'on veut, mais cela ne veut pas dire que nos décisions doivent être immuables. Nous évoluons à chaque instant, et avons le droit de changer d'avis à tout moment.

Aussi, j'aimerais aborder avec toi la fameuse « mission de vie » dont on entend souvent parler.
En séminaire, je vois beaucoup de personnes inquiètes de ne pas connaitre leur « mission de vie ». Elle se demandent ce qu'elles sont venues faire sur cette terre, et pensent que définir un objectif c'est obligatoirement définir une « mission ». Quelque chose qui déterminerait leur vie. De plus, elles s'imaginent que cela doit être obligatoirement une activité prestigieuse.
Et si notre seule et unique mission de vie était celle « d'être » dans la Joie ?

Mon objectif n'est pas de disserter sur « oui ou non, nous sommes sur cette terre pour jouer un rôle bien défini ». Là n'est pas le sujet. Qui peut certifier que nous sommes ici pour accomplir une mission spéciale ? Tout cela n'est qu'une question de croyance.
Ce qui est important, c'est de réussir ce que nous faisons ici et maintenant, et nous avons tous les outils nécessaires à disposition pour cela.
Certaines personnes sont convaincues qu'elles sont sur cette terre pour accomplir la passion qu'elles alimentent depuis leur enfance. Certainement. Elles vivent et visualisent cela depuis tellement longtemps que tout s'organise parfaitement. Quoi de plus logique, selon la loi d'attraction !

Si ce n'est pas ton cas, tu n'as pas à désespérer. C'est à toi de définir ce que tu veux réaliser dans ta vie, t'y attacher afin que cela devienne ta Mission de Vie.
Et pour cela, cherche et trouve ton talent.
Nous possédons tous un talent. C'est ce talent qui va faire la différence. Quel est le tien? Quelle est cette chose que tu aimes faire plus que tout? C'est peut-être ton métier ou pas….
C'est obligatoirement ce quelque chose qui te fait vibrer. Qu'est-ce qui t'amuse ? Qui te plait ? Que dit ton entourage ? Sur quoi te complimente-t-on? Quelle est cette chose que tu réalises tellement facilement en croyant que c'est aussi facile pour tout le monde? Reconnais ce talent.
Ce peut être un talent artistique, manuel, une manière, d'imaginer de penser, de t'exprimer, de créer du lien ….
Que peux-tu faire de ce talent ?? As-tu envie de l'améliorer, de le transformer en compétence, le mettre à la disposition des autres ?
Tout est énergie, nous sommes interconnectés. Tout ce que tu feras de ton talent, servira à tous.

C'est ça ta mission ! D'activer sur ce qu'il y a de plus fort en toi pour créer la richesse et la prospérité. Trouve ton talent… exploite le et tu ne travailleras plus jamais de la même manière.
Car ce talent partagé t'enrichira et enrichira les autres autour de toi.
Et quand je parle de richesse, ce sera celle que tu choisiras. Elle peut être ou non en billets de banque … A toi de choisir.
Mais elle sera obligatoirement source de Joie et de bien-être.

Encore une petite note concernant l'argent, car je me suis rendue compte que dans notre culture, cette question d'argent est souvent épineuse.
N'oublie pas que l'argent est une énergie comme une autre. Si tu es fauché(e) et dans le manque… revoie tes croyances : l'Univers est abondance pour tous.
Si tu veux posséder la richesse matérielle, détermine ce que tu veux en faire. Ce n'est pas posséder de l'argent qui fait ressentir la Joie. Prends un billet de banque, regarde-le : te sens-tu en Joie ?
Tu ressens peut-être une émotion, mais ce n'est pas la Joie! C'est ce que tu vas en faire qui te met en Joie. Le billet de banque n'est pas une fin en soi.

Je te l'ai déjà dit. Quand tu visualises ton objectif, ça ne sert à rien de visualiser l'argent qui pourrait te permettre de te le procurer. Ça serait réducteur d'opposer la puissance créatrice de l'Univers aux limites de ton égo qui ne voit que cette solution.
Tout peut arriver, par différents chemins. Laisse faire, lâche prise. L'argent est un moyen. C'est le seul que connaisse notre égo. L'Univers en connait bien d'autres.

La répétition est l'amie de la mémoire, alors reprenons une dernière révision et ensuite, à toi de jouer!
Tu as le mode d'emploi complet.

Maintenant que **je sais ce que je veux** réaliser dans ma vie, je défini clairement mon objectif, **je fais le premier pas**, je pose des actes et **je lâche prise.**
Je suis convaincu(e), que d'ores et déjà, la loi d'attraction est en action et les mécanismes se mettent en place pour matérialiser mon désir au meilleur moment. C'est quoi le meilleur moment ? C'est le moment parfait où je serais prêt(e) à accueillir et vivre pleinement mon souhait. C'est la perfection des lois de l'Univers. **Je prépare mon champ.**
Je connecte le moment présent et vis entièrement ce que j'ai à vivre ici et maintenant.
Je sais également que ce que je vis est le résultat de mes pensées d'hier. Aussi, dès maintenant, **je surveille mes pensées et les oriente positivement.**
Dans le moment présent, je reste attentif(ve) à mes émotions et j'**observe les miroirs** que j'attire à moi pour prendre conscience de mon état interne. Quel bel outil ! Je remercie !
Je reprends mon pouvoir et l'entière responsabilité de ce que je crée dans ma vie. Mes miroirs sont mes créations, **je travaille en moi le changement et le pardon**, et les résultats sont visibles à l'extérieur.
Je me valide, je m'aime et m'encourage. Je fais taire mon mental.
Je sais que je crée ma vie fonction de mes croyances…. Si je me sens freinée dans ma réalisation, **j'identifie la croyance qui me limite** et la transforme en une croyance ouvrante et dynamisante.
Je prends conscience que je ne suis pas mes peurs, mes doutes ; mes angoisses. Je les reconnais et les laisse passer.
Je calme mon mental et ne lui laisse pas le loisir de m'embarquer dans ses illusions.
Je prends tout le temps nécessaire pour me centrer et connecter des émotions positives.
Je connecte mon guide intérieur.
J'use et j'abuse de la demande ! Je et reste attentif (ve) aux signes qu'il m'envoie.
Je remercie pour toutes les choses que je vis.
Je remercie, je remercie, je remercie.

Voilà, tu peux tout créer…. Tout est possible. Dans la limite de tes croyances ! Que vas-tu faire maintenant ?

Avant de te quitter, j'aimerais te raconter l'histoire extraordinaire d'un jeune homme qui se reconnaitra. Les mécanismes de l'Univers ont été d'une incroyables précisions dans sa vie, jusqu'à notre rencontre au meilleur moment pour lui.
Nous avons parlé, que dis-je ? il m'a écoutée pendant 4 heures lui expliquer la loi d'attraction, la méditation…. Le lâcher prise. Tout était nouveau pour lui.
Il était alors employé dans une grande entreprise et travaillait dans un atelier, chaque jour, à la lumière des néons. Il vivait dans un petit village de France qu'il n'avait jamais quitté depuis l'enfance. Il n'avait jamais pris l'avion…
Lorsque nous avons parlé de rêve, il me dit qu'il enviait les collègues d'un certain service de son entreprise car ils parcouraient le monde entier pour intervenir sur d'énormes chantiers. Mais, il n'imaginait pas une seconde, pouvoir en faire partie. Autre frein, il ne parlait pas un mot d'anglais ce qui était obligatoire dans ce poste.
Bref, tu as compris, tout cela était bien trop beau pour lui.
Je lui ai proposé juste de jouer. De « demander » et visualiser…comme ça pour voir. Ça n'engageait à rien, il a accepté. Il s'est vite pris au jeu, de toute façon je n'ai rien à perdre, disait-il. Il s'est mis rapidement à la méditation. De façon très appliquée matin et soir.

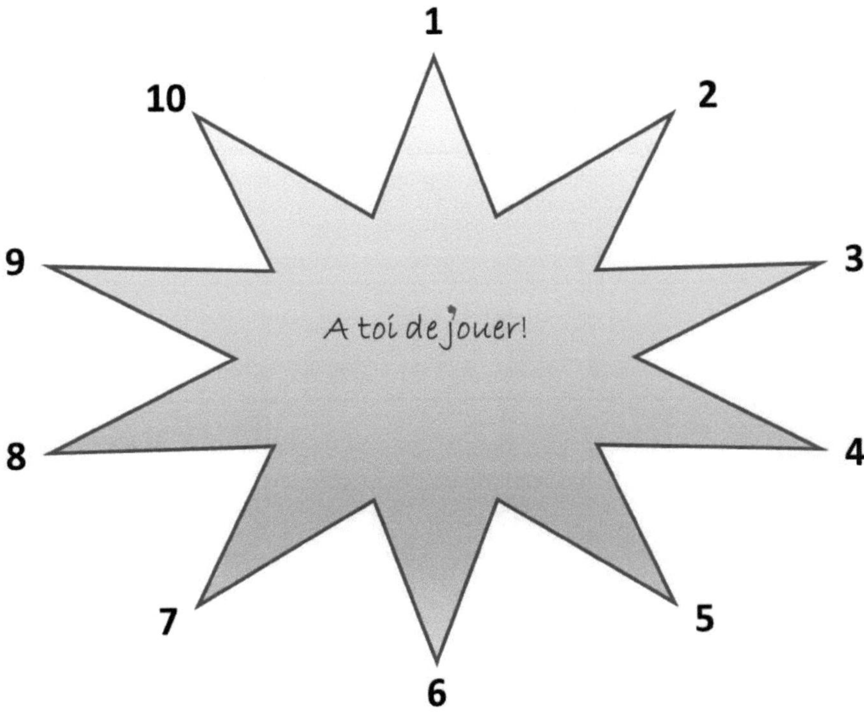

Voici les exercices principaux à faire dès que tu en ressens le besoin.

La roue de la Vie

Attribue une note de 1 à 10 sur la branche de chaque secteur de vie, (de 1 : pas du tout satisfaite à 10 parfaitement satisfaite) en t'interrogeant avec sincérité sur ton degré de satisfaction personnelle à l'instant précis.

Fais ainsi dans tous les secteurs de vie.

Ensuite, relie les points entre eux et tu auras une vision plus nette des « rééquilibrages » à effectuer dans ta vie, et donc des éventuelles priorités de travail.

Commence par prendre quelques minutes, confortablement installé(e), dans le calme ou avec un fond de musique de relaxation. Détends-toi, puis, lorsque tu te sentiras prêt(e), pour chaque secteur de vie, pose-toi la question suivante :

« Aujourd'hui, de moi à moi, très honnêtement, à quel degré de satisfaction suis-je dans le secteur suivant ? »

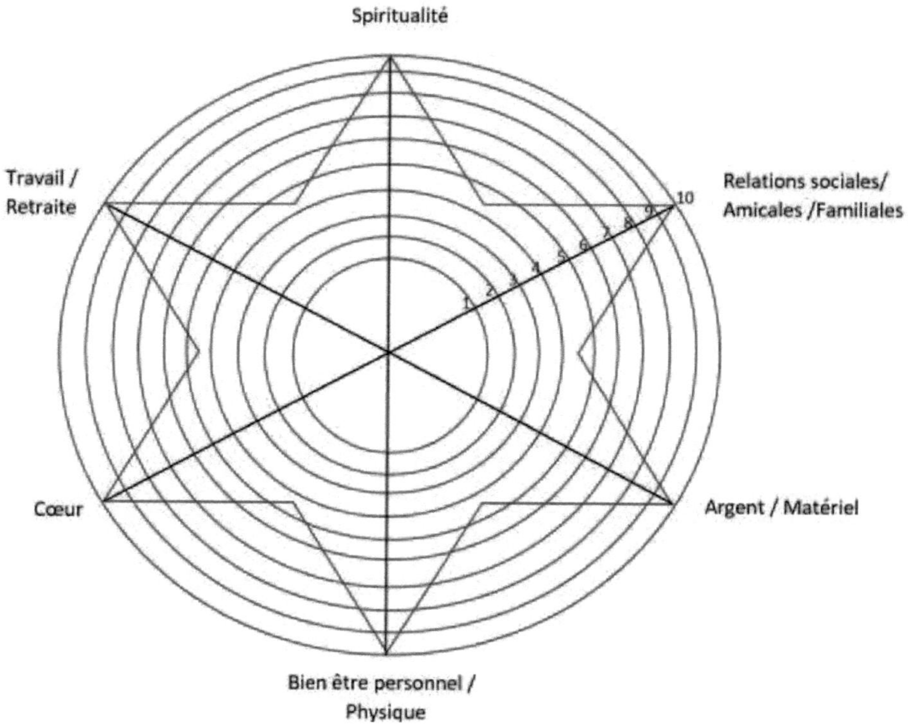

Spiritualité

Travail / Retraite

Relations sociales/ Amicales /Familiales

1 2 3 4 5 6 7 8 9 10

Cœur

Argent / Matériel

Bien être personnel / Physique

Etat des lieux

Prends le secteur de ta vie que tu souhaites améliorer en priorité et note d'abord tout ce que tu ne veux plus avoir ou faire dans ce secteur. Puis note le rêve que tu aimerais réaliser.

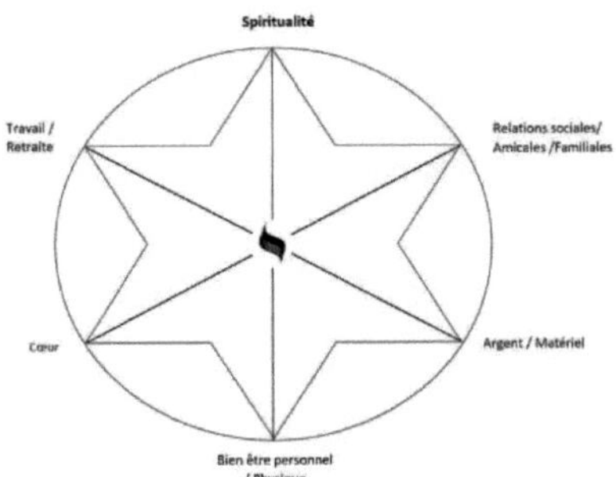

Spiritualité :

Ce que je ne veux plus :	Alors, qu'est-ce que je veux :

Mon rêve : ....

....

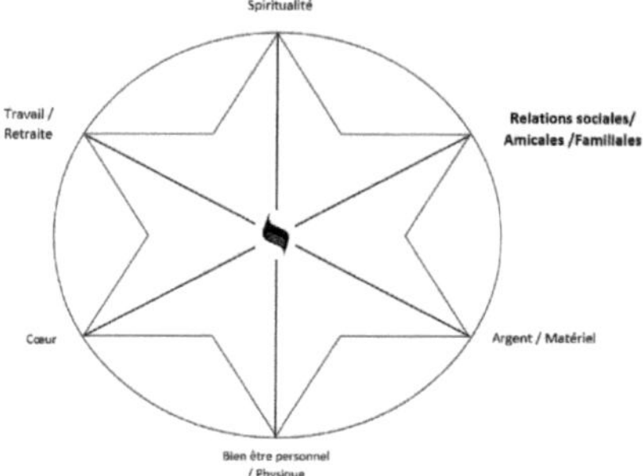

Relations sociales, amicales, familiales :

Ce que je ne veux plus :

Alors, qu'est-ce que je veux :

Mon rêve : ....

....

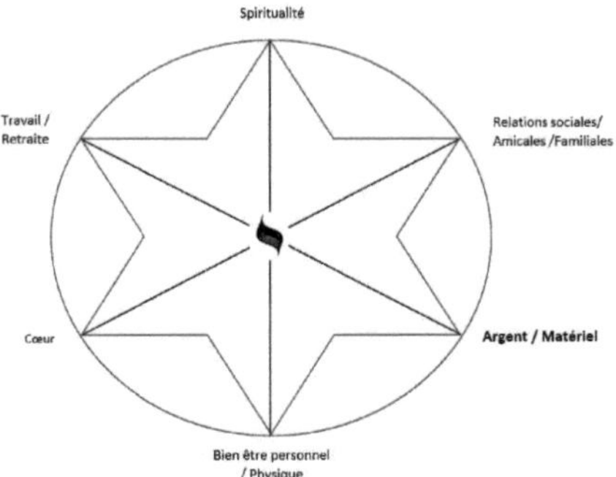

Argent - Biens matériels:

Ce que je ne veux plus :	Alors, qu'est-ce que je veux :

Mon rêve : ....

....

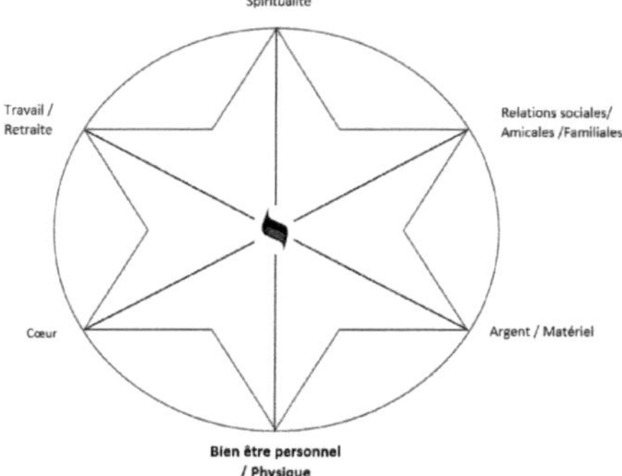

Bien-être personnel et physique:

Ce que je ne veux plus :	Alors, qu'est-ce que je veux :

Mon rêve : ....

....

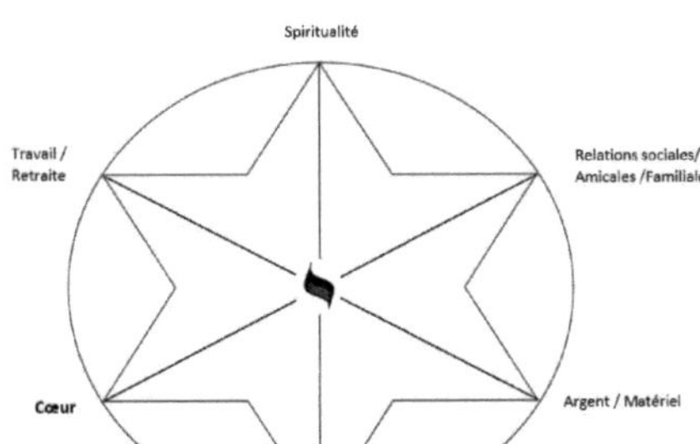

Coeur:

Ce que je ne veux plus :

Alors, qu'est-ce que je veux :

Mon rêve : ....

....

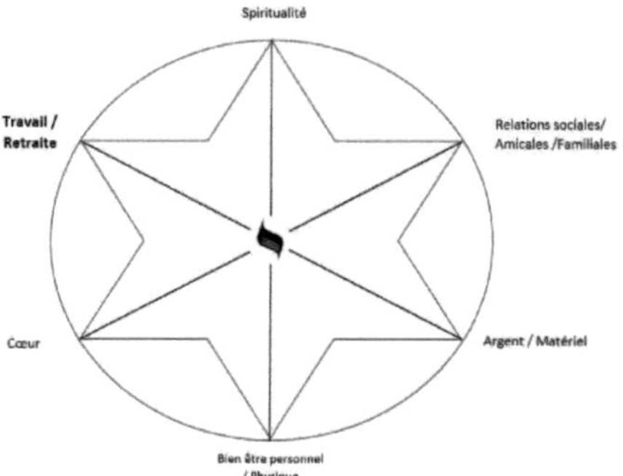

Travail - retraite:

Ce que je ne veux plus :

Alors, qu'est-ce que je veux :

Mon rêve : ....

....

Mettre à jour une croyance limitante

Installe-toi confortablement, prends quelques minutes pour t'intérioriser. Puis commence l'exercice.

1/ Pense d'abord à la situation dans laquelle tu te trouves actuellement.

Note cette situation. Une phrase courte suffira, telle que : « j'échoue à mes entretiens d'embauche. »
(On l'appellera l'Etat Présent ou E.P.)

....

2/ Pense ensuite à ce que tu souhaites faire ou obtenir. Note ce souhait. Par exemple : « être embauché(e) dans la société X»
(On l'appellera l'Etat Désiré ou E.D.)

....

Laisse ton Guide intérieur travailler à ta place ! Ses réponses sont généralement spontanées, courtes et percutantes.

1/ Si j'obtiens ce que je veux (E.D) alors..

....

2/ Résoudre ce problème (E.P) signifierait ....

....

3/ Obtenir ce que je veux (E.D) fera que ....

....

4/ Je dois rester dans mon problème (E.P) parce que ....

....

5/ Je ne peux pas obtenir ce que je veux (E.D) parce que ....

....

6/ Ce n'est pas possible de résoudre ce problème (E.P) parce que ....

....

7/ Je ne réussirai jamais (E.D) parce que ....

....

8/ J'ai toujours ce problème (E.P) parce que ....

....

9/ J'ai tort de vouloir résoudre ce problème (E.P) parce que ....

....

10/ Je ne mérite pas d'obtenir ce que je veux (E.D) parce que ....

....

11/ Je ne suis pas digne de réussir (E.D) parce que ....

....

Choisir et adopter une croyance dynamisante

1/Ecris la croyance que tu viens d'identifier sur une feuille de papier. Tu l'as découverte sur les 3 dernières phrases de l'exercice précédent.

Réfléchis à ce que tu ressens lorsque tu exprimes cette croyance :

- Que crois-tu **à propos** de cette croyance ?
- Qu'est-ce que ça signifie pour toi d'avoir cette croyance ?

Recherche les effets qu'a sur toi cette croyance limitante :

- Quel est le bénéfice d'avoir gardé cette croyance jusqu'à maintenant ? **Cherche bien ; il y en a un !**
- Quelles sont les conséquences négatives d'avoir gardé cette croyance ?
- Veux-tu toujours garder cette croyance ? Si oui, pourquoi ?

Sinon : **Froisse ou déchire la feuille**

Imagine une nouvelle croyance dynamisante pour la remplacer :

- Qu'aimerais-tu croire à la place ?
- Quelle serait la phrase courte qui te conviendrait le mieux ? **4/5 mots pertinents, pas plus !**

Ecris cette nouvelle croyance sur une nouvelle feuille

Imagine que tu adoptes cette nouvelle croyance :

- Comment te sentiras-tu ?
- Qu'est-ce que cela va-t-il changer dans ta vie ? (**Imagine-toi !**)
- Y a-t-il quelque chose qui pourrait t'empêcher d'adopter cette nouvelle croyance ?
- T'autorises-tu à adopter cette nouvelle croyance ?

Enfin, dis « oui » à cette nouvelle croyance

Affirme-la à haute voix : déclare à haute voix : « à partir d'aujourd'hui, je crois que ...... »

Imagine les jours et les semaines à venir avec votre nouvelle croyance :

- Quels résultats vois-tu se concrétiser désormais ?

Printed by Books on Demand GmbH, Norderstedt / Germany